CHECK & STRIPE の てづくり LESSON

石川ゆみ
井上アコ
小野美月
柴田奈津子
西山眞砂子
Blue Bird
LULU
7組の作家さんの服と小物

主婦と生活社

はじめに

CHECK&STRIPEの布を愛してくださるみなさまと
もっといろんな時間を一緒に楽しみたい──
そんな想いから、ワークショップを始めたのが7年前。

その日を楽しみに来られた生徒さんや
準備を万端に整えた作家さんはもちろんのこと
スタッフもなんだかにこにこ顔でうれしそう。
お買い物に訪れたお客さまも、
今日は何ができるのかしら…と興味津々。
心地よいミシンの音をBGMに
生徒さんの笑い声やおしゃべりが聞こえ
店内はソーイングをこよなく愛する人たちの
あたたかな空気に包まれます。

雑誌や本で活躍する憧れの作家さんから
プロのテクニックを教えてもらったり、
ソーイングに限らず、いろんな情報を交換したり
意気投合した生徒さんたちがお友達になったり
楽しい時間を共有できるのが、ワークショップの何よりの魅力。

そうして、作品ができあがったときの喜びは格別です。

そんな幸せな時間をおすそわけしたくて、
ワークショップで人気の作家さんにお願いして
評判のアイテムを1冊の本にまとめてみました。
ワークショップに参加した気分で
楽しみながら作っていただけたらうれしいです。

CHECK&STRIPE

とある日のワークショップ風景

講師：石川ゆみさん
「ふんわりミニバッグ」

CHECK&STRIPE 吉祥寺店

笑い声も響きます

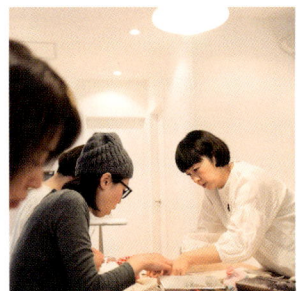
ていねいに教えてくれる
石川ゆみさん

ミシンは4台がスタンバイ

わからないところはすぐ聞けます

できあがったときの喜びはひとしお

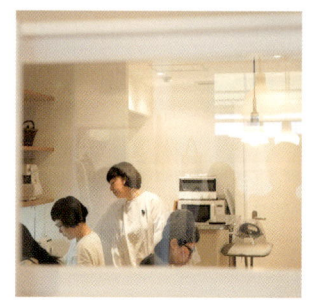

終わったあとは
ゆみさんをはさんでティータイム。
おしゃべりが弾みます

2時間で全員完成。
達成感でいっぱい

ロンドンでのワークショップ　　パリでのワークショップ

2014年6月
Livingstone Studio にて
ポンポン指輪とヘアゴムを作製

2014年8月
Mamie Gateaux salon de thé にて
リバティプリントの裂き布を使った
ブレスレットを製作

Contents

Lesson 1
柴田奈津子 6

1
フレンチスリーブの
ワンピース　大人　9
2
フレンチスリーブの
ワンピース　子ども　9
3
フレアスカート
大人　10
4
フレアスカート
子ども　10

Lesson 2
井上アコ　12

5
リボンのワンピース
大人　14
6
リボンのワンピース
子ども　14
7　アレンジ1
リボンのワンピース
（長袖）大人　16
8　アレンジ1
リボンのワンピース
（長袖）子ども　16
9　アレンジ2
リボンのワンピース
（Aライン）大人　18
10　アレンジ2
リボンのワンピース
（Aライン）子ども　18

Lesson 3
LULU　20

11
後ろリボンのスモック
子ども　22
12
ショートパンツ
子ども　22

Lesson 4
石川ゆみ　26

13
ふんわりミニバッグ　28
14
キルティングとリネンの
リバーシブルバッグ　30
15
リボンバッグ　31

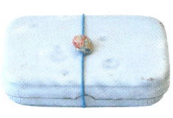

Lesson 5
西山眞砂子　32

16
パンの袋　34
17
ひもとじ袋　35
18
リバティプリントの
フワフワ台形ポーチ　36
19
リバティプリントの
エトセトラケース　36

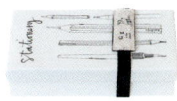

Lesson 6
小野美月　38

20
帆布のお弁当トート　40
21
リバティプリントの
小物入れ付き
ティッシュケース　42
22
にこにこくまさん　43

Lesson 7
Blue Bird　44

23
トラベルソーイング
セット　46
24
布箱　48
25
がま口ポーチ　49

作り方プロセス　50

お店の紹介　56

先生たちが使っている
便利な道具　57

How to Make
作り方　58

Lesson 1

柴田奈津子

初心者でもサッと気軽に作れる服を心がけている柴田さん。デザインはシンプルでも、表情のある生地選びにこだわっているので、とっておきの一枚を作る嬉しさや達成感が味わえます。スタートから完成まで置いてけぼりのないように柴田さんがサポートしてくれるので、初心者でも安心。手芸本ではわからないコツもていねいに教えてくれるため、柴田さんの教室は上級者の生徒さんにも人気です。

ワークショップ終了後、生徒さんが次々とできあがった服に着替え、嬉しそうに帰り支度を始めることもしばしば。できあがったときの生徒さんのとびっきりの笑顔を見るのが、柴田さんのいちばんの喜びです。

profile
学生時代、被服デザインを学び、その後、服飾の専門学校を卒業。アパレル会社のデザイン企画の仕事を経て、2012年からCHECK&STRIPEのソーイング教室の講師をスタート。芦屋店でソーイング教室、ワークショップを担当。兵庫県在住。

井藤昌志さんのシェーカーボックスを裁縫箱に。
木製の糸巻きの中には目打ちが収納されています。

Lesson 1 で使った布

2
**フレンチスリーブの
ワンピース**
子ども
C&S オリジナル
100そうギンガムチェック
ブルー
100そうとは100番手の極細の双糸で織った布のこと。番手の高い糸ならではの光沢としなやかさを兼ね備えた布。

page 9

page 9

1
**フレンチスリーブの
ワンピース**
大人
C&S オリジナル
ナチュラルコットンHOLIDAY
チャコールネイビー
織り糸の密度が高く、2度染めで実現させた発色のよさや繊細な色合いが人気の布。

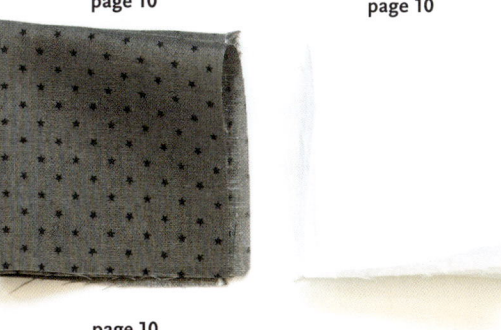

4
フレアスカート
子ども／表布
C&S オリジナル
プティットエトワール
グレイッシュカーキ地に黒
グレーがかったカーキの綿麻の布に、細かな星をちりばめました。

page 10

page 10

3
フレアスカート
大人／表布
C&S オリジナル
洗いざらしの
ハーフリネンダンガリー
ホワイト
タテ糸をリネン、ヨコ糸をコットンで織り、軽さやひんやりとした肌触り、表情を出しました。洗うほどに増していく風合いも楽しみ。

3, 4
フレアスカート
大人、子ども／裏布
C&S オリジナル
コットンローン sweets
右：白×白
左：木いちご×木いちご
ローンは細い織り糸を密に織った平織りの生地のこと。サラリとして張りがあり、ふんわりしたシルエットがでます。

page 10

着替えがしやすいように、子供用は背中にあきを入れて。
ループにとめたボタンがシンプルで可愛い。

サイドにポケットをつけて。
ウエストに寄せたギャザーで、背中からヒップのラインがきれいに見えます。

1 フレンチスリーブの ワンピース 大人
2 フレンチスリーブの ワンピース 子ども

フレンチスリーブやふんわりしたウエストギャザーで体型を気にせず、長く愛用できるデザインです。カーディガンやジャケットでコーディネートを楽しんで。

作り方 59 ページ

3 フレアスカート　大人
4 フレアスカート　子ども

バイアス裁ちでフレアをたっぷりとったスカート。ボディラインを隠し、ふんわりと広がるシルエットです。2枚はぎで簡単に作れます。

作り方 62 ページ

上：さらりとしたローンの裏布をつけたので透けません。裏布は表布と一緒に縫う方法で簡単に付けられます。
下：子ども用は動くたびにかわいいシルエットがでるように、大人よりも薄手の生地を選びました。

Lesson 2

井上アコ

「ミシンと友だちになろう！」がアコさんのワークショップのテーマ。ミシンは難しいと敬遠する人の苦手意識を少しでも解消することがアコさんの願いです。

せっかくワークショップに参加するのだから、ソーイングのお得テクを何かひとつでもマスターしてほしいと課題に山場を盛り込むのが恒例。今回のワンピースは、ギャザーをきれいに寄せることをポイントにしました。

まるで、アーティストのライブに参加したときのように、レッスンが終わると、明るいアコさんから元気とやる気をもらった気分に。今までミシンを押し入れにしまったままにしていた人も、ひっぱりだして何か作ってみたくなるはずです。

profile
子ども服作家。「クチル・ポホン」の名前で手作りの子ども服を展開。雑誌やイベントで活躍。著書に『ちいさな女の子のドレスブック』『ママとわたしのドレスブック』（ともに文化出版局刊）。愛知県在住。http://www.kecil-pohon.com/

使い込んだ竹籠がいい味わい。
左のピンクッションは、友人の木工作家さんとフェルト作家さんのコラボ作品。

Lesson 2 で使った布

5, 6
リボンのワンピース
大人、子ども
C&S オリジナル天使のリネン
右：フレンチターコイズ
左：ストーン
繊細な糸を使っているため、一日約50mしか織れません。薄手でやさしい肌触り。

page 14

page 14

7, 8
アレンジ1（長袖）
大人、子ども
C&S オリジナル
フレンチコーデュロイ
右：マスタード
左：ミルクココア
畝が細く、深い色合いと光沢のある上質な質感が特徴。オリジナルの手法で施した張り感があり、丈夫。

page 16

page 16

9
アレンジ2（Aライン）
大人
C&S オリジナルコットン
リネンレジェール　ブラック
「レジェール」は軽いという意味のフランス語。コットンのやさしい肌触りと、リネンの涼しさを兼ね備えた布。

page 18

page 18

9
アレンジ2（Aライン）
子ども
リバティプリント
Pansy Flower　ブルー系

5 リボンのワンピース 大人
6 リボンのワンピース 子ども

薄手のリネンが作り出すシルエットがやさしくしなやかなワンピース。着脱のしやすさ、歩きやすさなど着心地のよさにもこだわりました。背中に寄せたギャザーでボリュームアップした後ろ姿のゆるやかなラインも魅力です。

作り方64ページ

上：ギャザーを寄せた後ろ身頃をヨークに縫いつけて。ギャザーは粗ミシンを2本縫い、糸を均等に引くのがコツ。
下：衿ぐりを少し深くあけました。胸元のリボンは甘くなりすぎないようにかた結びにする仕様です。

アレンジ1

7 リボンのワンピース
（長袖） 大人

8 リボンのワンピース
（長袖） 子ども

14ページのノースリーブのワンピースに八分丈の袖をつけ、生地をコーデュロイにしてカジュアルに。リネンやコットンの柔らかな生地を使えば、身頃のラインや袖のふくらみがしなやかになり、軽やかな印象になります。

作り方50ページ

中にインナーやセーターを着ても着脱しやすいように、袖口はゆったりしたサイズにしました。

背中のヨークにつけたタブが、アクセントに。アコさんらしく遊び心がきいています。

アレンジ 2
9 リボンのワンピース （Aライン） 大人
10 リボンのワンピース （Aライン） 子ども

14 ページのワンピースのヨークをなくしてシンプルに。大人用はシャリ感のある綿麻の生地、子供用はしなやかなリバティプリントできれいなAラインを出しました。

作り方 66 ページ

カーディガンやストールと相性良好。
袖がないのでカーディガンを着ても腕がもたつきません。

Lesson 3

LULU

幼いころから手作りが好きだったLULUさん。就職で手作りから遠ざかっていた時期もあったそうですが、結婚してお子さんが生まれ、再び針を持つようになりました。

LULUさんが好きなのは、シンプルだけど洗練されたデザイン。「いかにも手作りという感じではなく、フランスのニュアンスとか、シンプルシックとかどこか違う完成度を求めています。CHECK&STRIPEの布は、作品づくりに欠かせない大事な素材です」

「独学なので、ワークショップで生徒さんに教えるのは抵抗があるんだけど…」とはにかむLULUさんですが、センス抜群のおしゃれ着が直線縫いで簡単にできるのが嬉しいと、毎回、ワークショップは大盛況です。

profile
2007年よりLULUという作家名で布小物づくりを始める。作家名はお子さんに読み聞かせした『おてんばルル』という絵本から名付けたそう。2010年より「CINQ plus」で販売開始。2011年、静岡の「sahanji＋」で個展開催。静岡県在住。

コンパクトなアルミのケースを裁縫箱に。
小学生のころから大事にしているティン缶に細かな資材を入れて。

Lesson 3 で使った布

page 22　　page 22,23

11
後ろリボンのスモック
子ども
C&S オリジナル
やさしいリネン　ホワイト
14ページで使われたC&Sオリジナル天使のリネンより少し厚みのある布です。ギャザーがきれいに寄り、美しいシルエットが生まれます。

11
後ろリボンのスモック
子ども
12
ショートパンツ
子ども
C&S オリジナル
ハーフリネンストライプ
清潔感のあるブルーのストライプ。パリッとした質感で丈夫。洋服以外にキッチンクロスやテーブルクロスに仕立てる人も多いとか。

11 後ろリボンのスモック
子ども

12 ショートパンツ
子ども

背中の大きなリボンとミツバチのお尻のような後ろ姿が愛らしい子ども用の上下。おそろいの生地で作るとまた違った雰囲気が味わえます。冬はパンツを暖かい生地で作り、タイツやレギンスを重ね着しても。

作り方 68 ページ
作り方 70 ページ

ショートパンツの生地でスモックを仕立てればおそろいに。ポケットを縫い付けるときは、柄合わせに気をつけて。

カジュアルなデニムとの相性も抜群。衿元や袖のシルエットが可愛くひきたちます。

Lesson 4

石川ゆみ

自然体で飾らない笑顔とそのスタイルにファンが多いゆみさん。シンプルで簡単なのに、きらりと光るおしゃれなポイントが隠された作品には、そんなゆみさんの人柄が表れています。
雑誌やイベントで活躍するゆみさんに会えた喜びで、最初は緊張ぎみの生徒さんも、ご本人のほのぼのとしたオーラに癒され、教室は穏やかな空気に満たされます。
「技術も大事だけど、間違えたら縫い目をほどけばいいし。昔からその家のお母さんが思い思いに縫っていたように、好きなように縫うのが楽しいの」
暮らしの中に生き続ける針仕事の原点を見た思いがして、心があたたかくなりました。

profile
布小物作家。1999年、雑貨ショップで開いたハンドメイドの展示会をきっかけに作家活動を始める。著書に、『こどもがまいにちつかうもの』(筑摩書房刊)『つつむ布』(パルコ出版刊)。東京都在住。http://yumi-ishikawa.com/

道具の入った赤いシェーカーボックスをお手製の巾着に入れて。
猫のカバー付きメジャーはお客さまからの贈り物。

Lesson 4 で使った布

13
ふんわりミニバッグ
表布
力織機で織ったコットン
右：ホワイト
左：オレンジ
職人が力織機で手をかけて織った分だけ、ぬくもりや風合いがある魅力的な布。

page 28

page 28

page 28

13
ふんわりミニバッグ
裏布
シーチング
きなり
綿のさらしを粗く織った平織りの布。柔らかな風合いで針通りがよく、縫いやすい布です。

14
キルティングとリネンのリバーシブルバッグ
C&Sオリジナル
リネンツイル
ブラック
「何年使ってもへたれない」とゆみさんはじめ、多くの作家さんが絶賛する綾織りのリネン。

page 30

page 30

14
キルティングとリネンのリバーシブルバッグ
C&Sオリジナル
リネン混のキルティング
ベージュ
リネン混のベージュをキルティング加工した布。ゆみさんは、バッグをインテリア小物として使うとき、自立するようなキルティングを選んだそう。

15
リボンバッグ
C&Sオリジナル
コットンパピエ
ギンガムチェック　ピンク
細番手で高密度に織り上げ、最後に洗い加工で独特のシャリ感を出しています。

page 31

13
ふんわりミニバッグ

手にしたときに可愛いテトラ型になるバッグ。持ち手の付け位置を少し外側にずらすことで、入れ口が広がり、使いやすくなりました。キルト芯を押さえるステッチは、バッグが可愛く見える位置に、大きな針目で縫っています。

作り方 72 ページ

14
キルティングとリネンのリバーシブルバッグ

いろんな装いにコーディネートでき、オールシーズンで活用できる働きもの。簡単に作れて、リバーシブルに使えるといいことずくめ。シンプルな布合わせや形で、インテリア小物として家の中にポンと置いてもなじみます。

作り方 54 ページ

15
リボンバッグ

リボンの結び位置をかえれば、ざっくりしたショルダーがコロンとした形の手提げバッグに。お散歩やお出かけにもってこい。シャリッとした素材で強度があり、たたむとコンパクトになるので、エコバッグにも使えます。

作り方74ページ

Lesson 5

西山眞砂子

お子さんの通園バッグを手作りしたいとパッチワークを始めた西山さん。以来、パッチワークを続け、長年、ご自宅でパッチワークの教室を開かれていただけに、下準備やわかりやすさを追求した教え方に定評があります。さらにアイデアに富んだ課題がとっても人気です。

今回、34ページでご紹介するパンの袋も、レッスン中、CHECK&STRIPEの近くにある美味しいパン屋さんの話で盛り上がったことから思いついた作品。レッスン終了時には、できあがったバッグに美味しいパンを入れてお土産に持ち帰れるので、生徒さんも大喜び。

作品の作り方を習うだけでなく、先生と生徒さんが一体になって楽しい時間を共有する姿が印象的でした。

profile
手芸デザイナー。CHECK&STRIPE、NHK文化センターなどで教室を開講。著書に『旅するお針仕事』『暮らしまわりのお針仕事』(ともに主婦の友社刊)。大阪府在住。http://patch-stella.main.jp/

アンティークのほうろうのお弁当箱に道具を入れて。
セルロイドの赤い針入れは、お母さまが使われていたもの。

Lesson 5 で使った布

16
パンの袋
| C&Sオリジナル
| ロンドンのアンティーク
クロス風リネン 白に赤
ロンドンの蚤の市で見たアンティークのキッチンクロスをイメージ。洗い込むほどに増す味わいが秀逸。

page 34

page 34,35

16
パンの袋
17
ひもとじ袋
| C&Sオリジナル
| やさしいリネン
| 赤
22ページのスモックで使った布の色違い。リネンの張り感を大切に、細番手のリネン糸で織り上げました。

17
ひもとじ袋
| くったりハーフリネン
| ベージュ
新しい布なのに使い込んだ風合いがあるリネン。

page 35

page 35,36,37

17
ひもとじ袋
18
**リバティプリントの
フワフワ台形ポーチ**
19
**リバティプリントの
エトセトラケース**
| リネン
| ベージュ
洗うたびに肌になじみ、柔らかな風合いになります。

18
**リバティプリントの
フワフワ台形ポーチ**
19
**リバティプリントの
エトセトラケース**
| リバティプリント各種
手元に残ったリバティプリントの端ぎれを活用。色調や柄の大きさや向きをそろえるのが布合わせのポイント。

page 36

page 35

17
ひもとじ袋
| リネンツイル
| ベージュ
30ページのバッグに使われた布の色違い。ふくらみ感のある厚さの割に軽く、リネンの素朴な風合いが楽しめます。

33

16
パンの袋

ストライプをデザインにいかし、持ち手をおそろいの赤にしました。焼きたての食パンやバゲットが型崩れすることなく持ち運びできます。持ち手を底側にひっくり返すと、袋が自立してパンを入れるかごのように使えます。

作り方 76 ページ

17
ひもとじ袋

ちらりと見える裏布やボタン、ラフなステッチの赤がポイントカラーに。はぎ合わせた部分にステッチを施すことで3種のリネンの異なる表情が際立ちました。

作り方 78 ページ

18 リバティプリントのフワフワ台形ポーチ
19 リバティプリントのエトセトラケース

繊細で優しいリバティプリントをちりばめたアイテム。台形ポーチは、自立する形を作りたくて底面を広くして舟形に。エトセトラケースは両開きファスナーで、中にいれたモノの出し入れや整理をしやすくしました。

作り方 80 ページ
作り方 82 ページ

37

Lesson 6

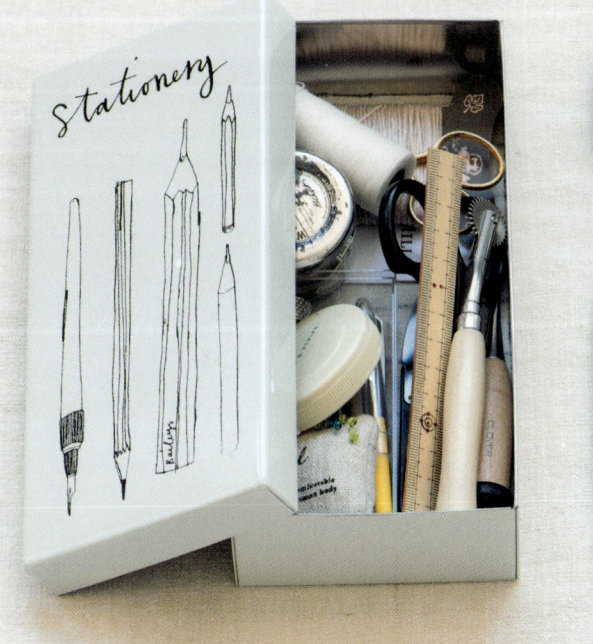

小野美月

小野さんがソーイングを始めたのは、結婚して家族のために服や小物を手作りしたいと思ったのがきっかけでした。実店舗ができる前からCHECK&STRIPEの布を愛用し、手作りのぬいぐるみやお出かけバッグを作っていました。神戸店のオープンと同時に講師をお願いしています。

どの教室でも先生の裁縫道具は、生徒さんの注目の的。小野さんの道具の中で必ずみんなの視線を独り占めするのが、可愛い小さな針さしです。なんでも、ご主人のお母さまが幼いときに着たお気に入りの服をほどき、その大切な生地で娘さんといっしょに作ってくれたとか。家族の喜ぶ顔がみたくてソーイングを始めた小野さんの思いは、ご家族にもちゃんと伝わっているようです。

profile
結婚後、服飾専門学校でソーイング全般を習い、その後、個人の先生のもとで縫製をマスター。2000年からCHECK&STRIPEで、布小物を中心にしたワークショップの講師を始める。東京都在住。http://kodemari-ivory.sblo.jp/

箱は吉祥寺にある雑貨店「CINQ」オリジナルの商品。
針さしは、コルクを土台にしたところがまた可愛い！

Lesson 6 で使った布

page 40

20
帆布のお弁当トート
C&S オリジナル帆布
きなり　イエロー　ブルー
昭和7年生まれの職人さんが力機織でていねいに織り上げた味わいのある帆布です。少しふぞろいの織り地から手作業のぬくもりが感じられます。

page 42

21
リバティプリントの
小物入れ付きティッシュケース
リバティプリント
Millie　ペールグリーン
Peasholme park
　ブルー・マスタード系
Nellie　イエロー

page 42

21
リバティプリントの
小物入れ付きティッシュケース
リネン　ホワイト
C&S オリジナル
カラーリネン　カーキ
リネン　ベージュ
しっかり感だけでなく、しっとりしたぬめり感があり、やわらかさを兼ね備えた質感がロングセラーの秘密。

page 43

22
にこにこくまさん
C&S オリジナル
ひつじさんボア
ベージュ
もこもこしている方がウール、裏はコットン。ベストやポンチョ、帽子などに。

page 43

22
にこにこくまさん
C&S オリジナル
フレンチパイル
バニラ
起毛を施して編んだニット。良質の糸を使った肌にやさしい天然素材です。

39

20
帆布のお弁当トート

お弁当を入れやすいように入れ口を
たっぷりとり、目隠しにカバーをつけ
ました。帆布が重なるところは、ミシ
ンをゆっくりかけて。

作り方84ページ

41

21
リバティプリントの小物入れ付きティッシュケース

絆創膏やリップクリームをポケットに入れて。リバティプリントは上下を逆さまにしてもおかしくない柄を選ぶと、どこから見ても可愛い仕上がりに。ちょっとしたプレゼントに喜ばれます。

作り方 86 ページ

22
にこにこくまさん

にこにこ顔のくまさんの表情やもこもこの生地の肌触りに癒されます。前と後ろのボディーとおなかの3枚のパーツでできるから、ぬいぐるみを作るのは初めての人も簡単。首にマフラーを巻いたり、洋服を作って遊んでみて。

作り方88ページ

Lesson 7

Blue Bird

学生時代の友人同士で作家活動を始めたtamamiさんとhitomiさん。高校時代にお互いの家でぬいぐるみやペンケースを作ったことが、今の原点になっています。

ワークショップでは、息のあった二人がサポート役と進行役に分かれ、ときにはドラマの話に花が咲くなど笑いが絶えません。「ある日、Blue Birdが10年以上前に作った鍋つかみを生徒さんが持ってきてくれたことがあったんです。長く大事に使っている様子を見て、二人で感激しました」というtamamiさん。

今は札幌と神奈川に離れて暮らすお二人ですが、共通の趣味でつながり、喜びを分かち合う姿をみていると、ソーイングの素晴らしさをあらためて実感します。

profile
"幸せの青い鳥"をイメージして Blue Bird と命名し、1999年ユニットで活動をスタート。東京や札幌で、個展、イベントを開催している。hitomi さんは神奈川、tamami さんは北海道在住。http://b--bird.jugem.jp/

裁縫道具は大好きなブルーを基調に。
おそろいの糸巻きスタンドやドーム型ピンクッションは hitomi さんの手作り。

Lesson 7 で使った布

23
トラベルソーイングセット
| リバティプリント
| Capel　マッシュルーム
| Fenton　ブルー

23
トラベルソーイングセット
25
がま口ポーチ
| C&S オリジナル
| コットントゥジュー
| ネイビー
「Blue Bird の溺愛リスト BEST3 に入る布」と tamami さん。「トゥジュー」とは、毎日という意味のフランス語。少し厚みがありしっかりしているので、パンツやジャケットにもおすすめです。

23
トラベルソーイングセット
| C&S オリジナル
| 海のストライプ　ブルー
夏の真っ青な空や海の色を思い浮かべて作った布。海岸に吹く風のようにさわやかな表情を出したくて、少しだけシワ加工しています。

24
布箱
| C&S オリジナル
| ストライプ　マスタード
細い糸で織った薄手のストライプ地。少し透け感があり、シャツやブラウスのほか、裏布に使うことも。

page 46

page 46

page 46, 49

page 46

page 49

page 48

page 48

23
トラベルソーイングセット
| C&S オリジナル
| 星の綿麻キャンバス
| 白地にシルバー
適度な張りのある綿麻のキャンバス地に、銀色の小さな星をランダムにプリントしました。

23
トラベルソーイングセット
| リネンツイル
| ベージュ
30 ページのリバーシブルバッグの裏布、35 ページのひもとじ袋にも使われた布。コートやパンツ、ワンピース作りに活躍。

25
がま口ポーチ
| C&S オリジナル
| サマーストライプ
双糸で高密度に織り、張り感を出しました。透け感はなく、ジャケットやパンツ、バッグにも向いています。

24
布箱
| リバティプリント
| Sleeping Rose
| イエローゴールド

45

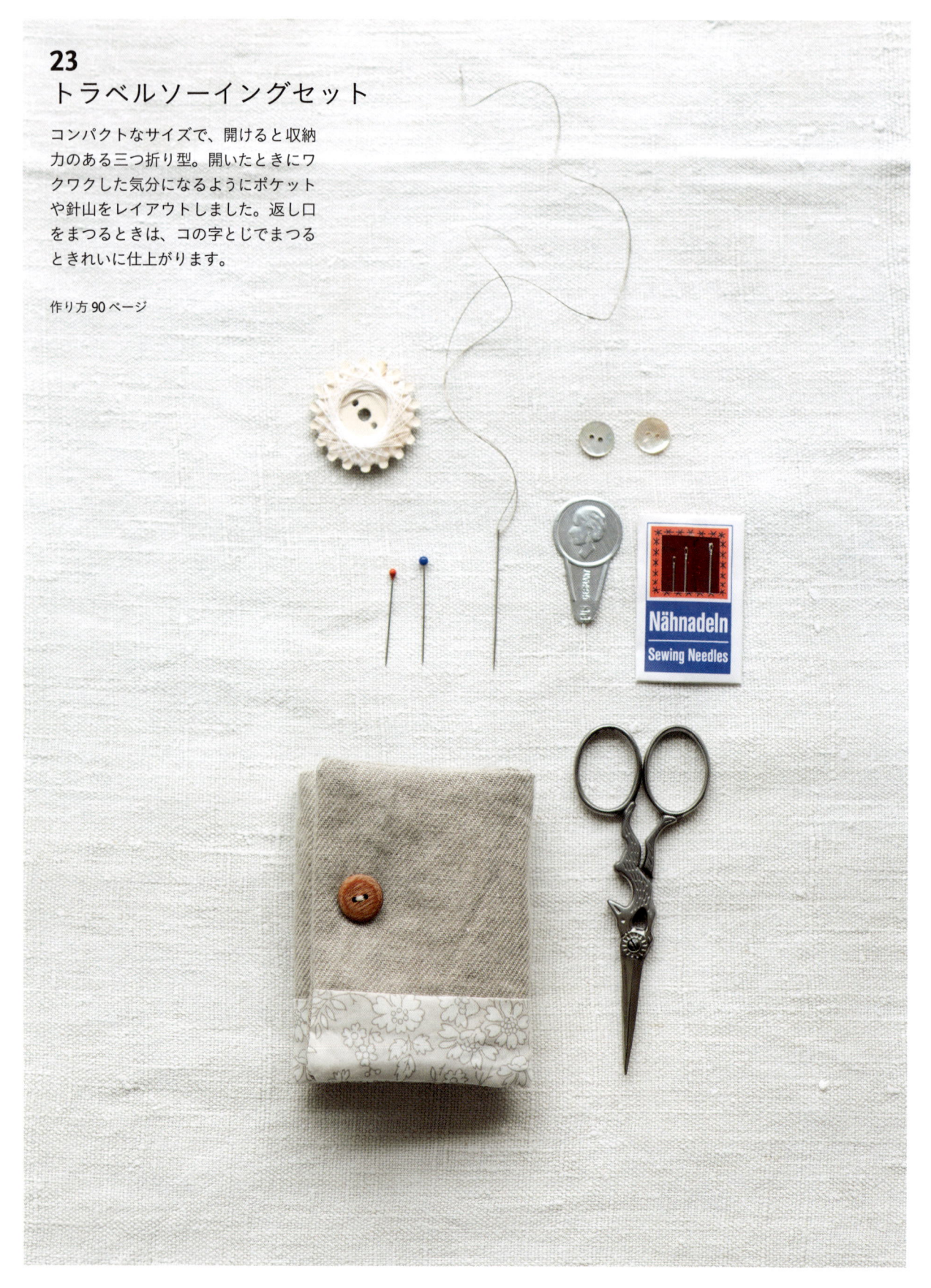

23
トラベルソーイングセット

コンパクトなサイズで、開けると収納力のある三つ折り型。開いたときにワクワクした気分になるようにポケットや針山をレイアウトしました。返し口をまつるときは、コの字とじでまつるときれいに仕上がります。

作り方 90 ページ

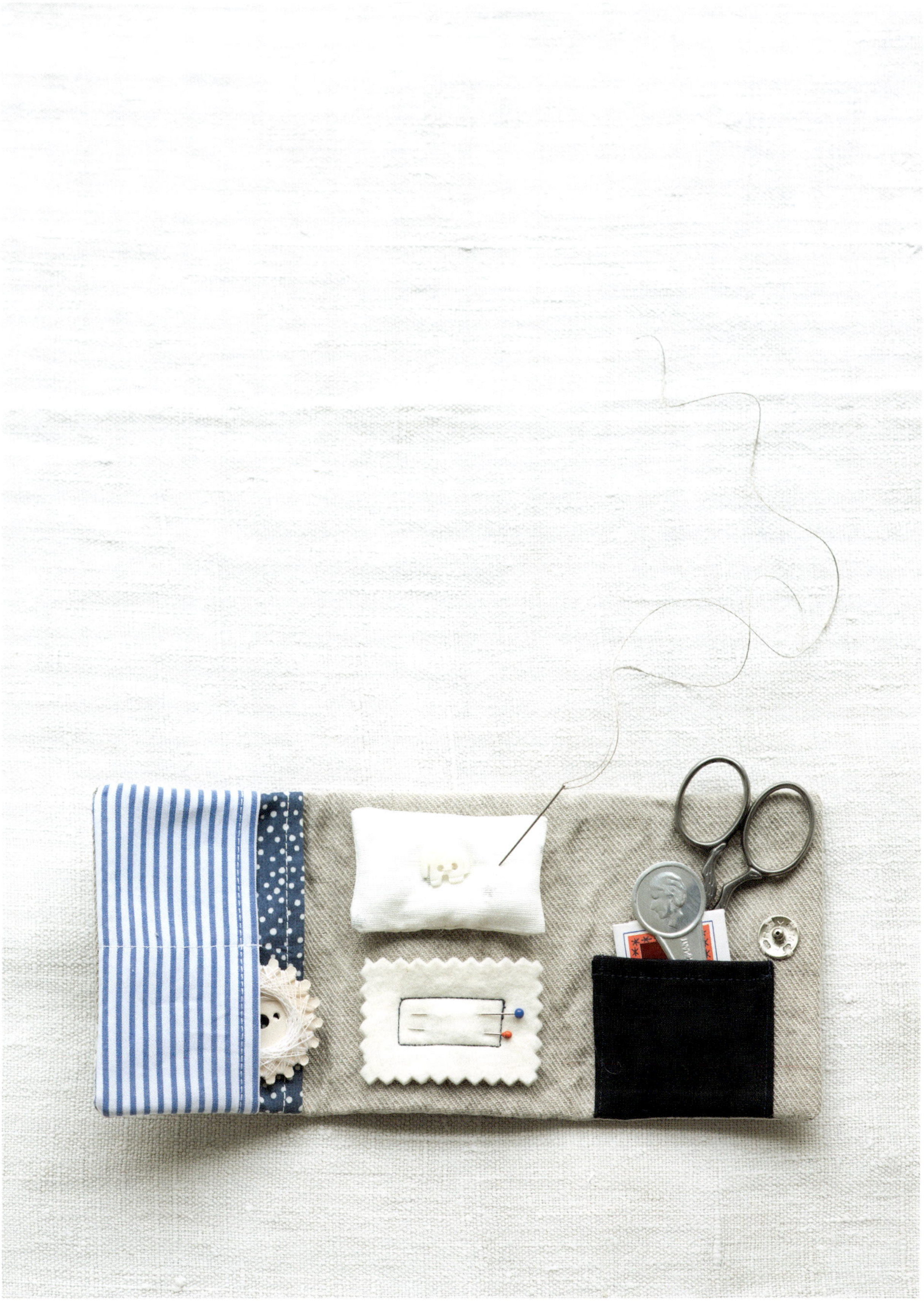

24
布箱

大切なものをしまっておく宝箱を思い浮かべて作った布箱。表に貼った布はリバティプリントの中でもファンの多い「Sleeping Rose」。お子さんが生まれたときのネームバンドや写真を入れ、メモリアルケースにしても素敵です。

作り方 92 ページ

25
がま口ポーチ

清潔感のあるブルーのストライプがさわやか。がま口ポーチは、化粧品や裁縫道具入れなどに、いくつ持っていても重宝するアイテム。口金に本体を差し込むとき、ストライプがまっすぐになるように作ると仕上りがきれいです。

作り方77ページ

作り方プロセス

ワークショップに参加したような気分になって、ワンピースとバッグを作ってみましょう。

アレンジ1
8 リボンのワンピース（長袖）子ども
photo P.16

実物大型紙は **B** 面

作り方は子どもサイズです。
大人の作り方も同様です。

出来上がり寸法
*左から100／110／120／130／140サイズ
着丈＝51／55.5／57／60／62.5（後ろ中心から）

材料
*左から100／110／120／130／140サイズ
表布＝C&S オリジナル フレンチコーデュロイ（マスタード）
　　　105cm幅×130／140／150／160／170cm

裁ち合わせ図
・縫い代は指定以外1cmつける
＊タブは図に示した寸法で裁つ
＊バイアス布は図に示した寸法にはぎ合わせる（全サイズ共通）
＜子ども＞　並んだ数字は上から順に　100／110／120／130／140サイズ

CAUTION

★ 裁断するときは…
コーデュロイを畝に沿ってなでて、ザラついた手触りの逆毛を上に。逆毛で仕立てると、光沢に深みがでます。すべすべの毛並みを上にすると、生地が白っぽく光って見えます。

★ アイロンをかけるときは…
残布をアイロン台に敷き、畝の向きを合わせて中表に置いて裏側からアイロンをかければ、畝がつぶれません。

＊わかりやすく説明するため、糸の色を変えています。
実際に縫うときは、布に合わせて選びましょう。

1 合い印をつけます。縫いズレを防ぐためにヨークや後ろ身頃、袖山、前中心のあきどまりにはさみで0.2cmくらい切り込みをいれます。

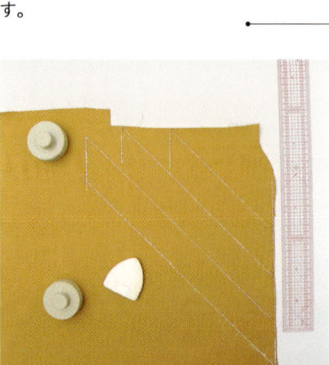

2 5cm幅のバイアス布を作ります。布目がずれないように重しを置き、布端から等分の点を結び、45度の線をひいてカット。

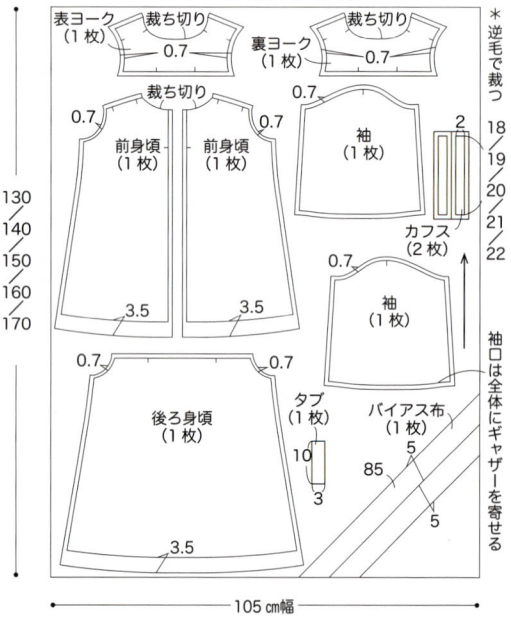

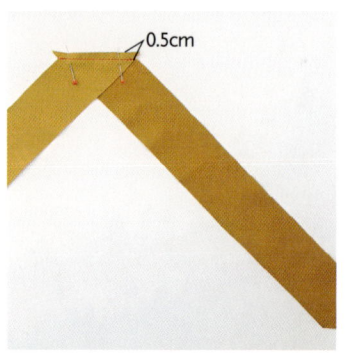

3 2をつなぎます。バイアス布を中表に重ね、0.5cmの縫い代で縫い合わせます。子ども用は85cm、大人用は125cm。

50

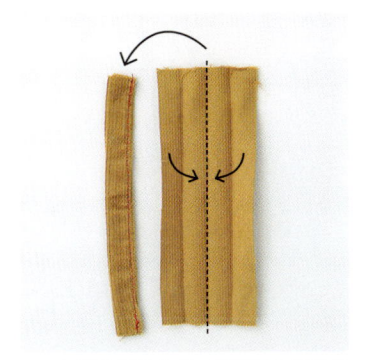

4 タブを作ります。幅を二つ折りにして、中央線に向かって内側に折ります。アイロンで折り、端から0.2cmにステッチをかけます。

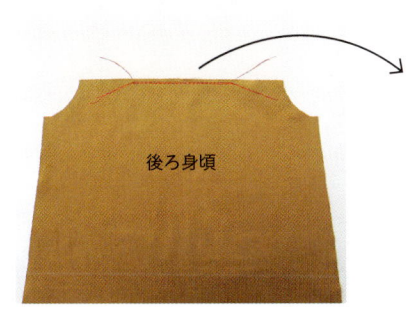

5 ギャザーを寄せます。後ろ身頃は型紙のギャザー寄せ位置に、上端から0.5cmと0.7cmに0.3cmの針目で2本縫い、糸の始めと終わりを10cmずつ残します。

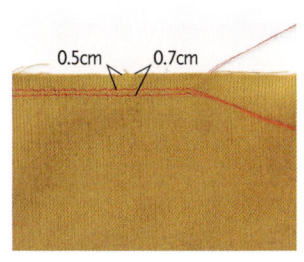

6 右半分にギャザーを寄せます。中央を押さえ、右端の上糸2本を引っ張り、ヨークつけ側の長さに合わせます。上糸を引いて下糸を表に出し、糸を結んで始末します。

7 左半分も同じようにして上糸を引っ張ってギャザーを寄せます。前身頃の肩はヨークのつけ側の長さに、袖口はカフスの長さに合わせてギャザーを寄せます。

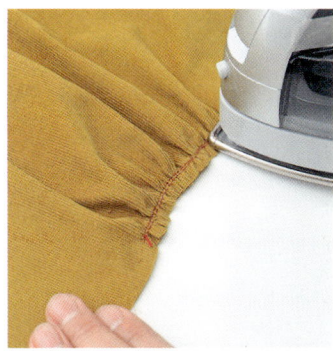

8 ギャザーをととのえたら、縫い代にアイロンをかけ、落ち着かせます。縫い代以外のギャザーの山をつぶさないように注意するのがポイントです。

9 後ろ身頃の中央にタブを二つ折りにしてのせ、ミシンで仮どめします。縫いにくい場合は、針を太くしてもOKです。

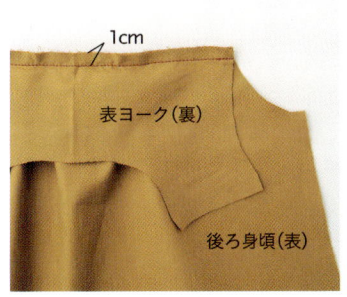

10 ヨークを縫い合わせます。1でつけた印を合わせ、裏ヨーク(表)、後ろ身頃(表)、表ヨーク(裏)の順に重ね、1cmの縫い代で縫います。

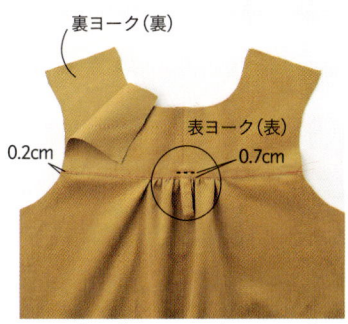

11 表と裏ヨークを表に返し、後ろ身頃の縫い合わせから0.2cm上とタブの部分にステッチをかけて縫い代を押さえます。

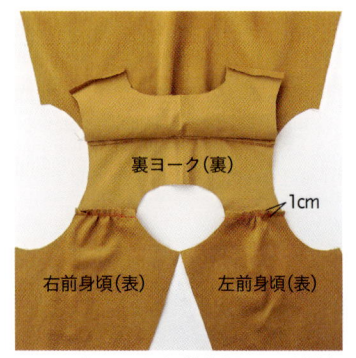

12 裏ヨークと前身頃のつけ側を合わせ、1cmの縫い代で縫い、縫い代をヨーク側に倒します。反対のつけ側も同じやり方で縫います。

13 表ヨークの縫い代を折り、12の縫い合わせにかぶせるように重ねて、折り山から0.2cmをステッチします。

14 袖をつけます。前後身頃と袖を中表に合わせ、0.7cmの縫い代で縫います。縫い代は2枚一緒に縁かがりミシンをかけ、袖側に倒します。

15 袖下と脇を縫います。袖下と脇を中表に合わせ、袖口から裾までミシンで一気に縫い合わせます。縫い代は1cmです。

16 縫い代は袖口から裾まで2枚一緒に縁かがりミシンで一気に縫い、前側に倒します。縫い合わせ線から0.5cmをステッチします。

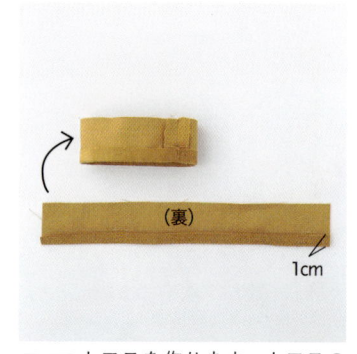

17 カフスを作ります。カフスの下端1cmにアイロンで折り目をつけます。中表に折り、1cmの縫い代で縫って縫い代を割ります。

18 1cm折った折り代を袖山側にして、袖下と17の縫い線を合わせます。袖口とカフスを裏側から縫い合わせます。

19 縫い代をくるむようにカフスを表に折り込みます。形をととのえ、カフスの際0.2cmを表側からステッチで押さえます。

20 前中心を縫います。縫い代に縁かがりミシンをかけ、2枚を中表に合わせます。あきどまりまで縫い、縫い代を割って縫い合わせから0.5cmとあきどまりをステッチで押さえます。（P.65参照）

アレンジ1
7 リボンのワンピース（長袖） 大人
photo P.16

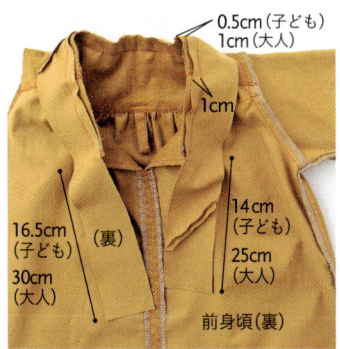

出来上がり寸法
＊左からS／M／Lサイズ
着丈＝101／102／103cm（後ろ中心から）

材料
表布●C&S オリジナル フレンチコーデュロイ（ミルクココア）
　　　105cm幅×290cm（全サイズ共通）

裁ち合わせ図
縫い代は指定以外 1cm つける
＊ タブは図に示した寸法で裁つ
＊ バイアス布は図に示した寸法にはぎ合わせる（全サイズ共通）
＊ 並んだ数字は上から順にS／M／Lサイズ

<大人>

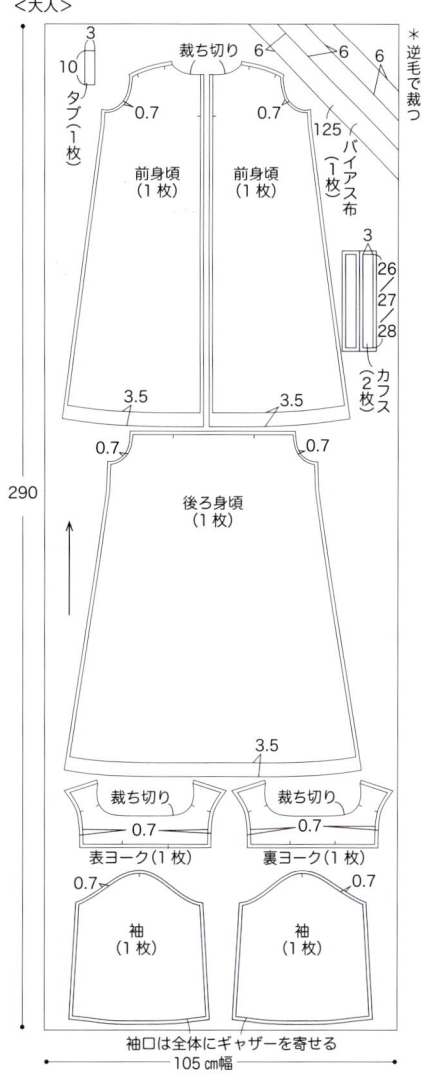

21 衿ぐりを縫います。バイアス布を衿ぐりの端から0.5cmあけて重ね、右の先端を14cm（大人は25cm）だけ出して縫い、左側を16.5cm（大人は30cm）でカットします。

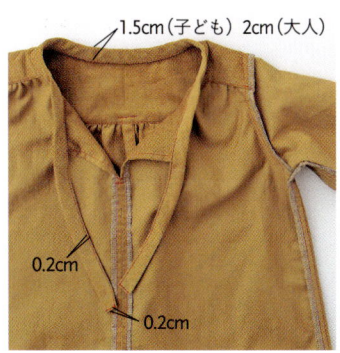

0.5cm（子ども）／1cm（大人）
1cm
16.5cm（子ども）／30cm（大人）（裏）
14cm（子ども）／25cm（大人）
前身頃（裏）

22 縫い代をくるむように、バイアス布を表に返し、リボンの先端は切りっぱなしのまま、先端と端にステッチをかけます。

1.5cm（子ども） 2cm（大人）
0.2cm
0.2cm

23 裾を縫います。裾に縁かがりミシンをかけます。裾を3.5cm折ってステッチをかけたら出来上がり！

0.2cm
3.5cm

裁ち切り
3／6／6／6
＊逆毛で裁つ
10 タブ（1枚）
0.7／0.7
前身頃（1枚）／前身頃（1枚）
125 バイアス布（1枚）
3
26／27／28
カフス（2枚）
3.5／3.5
0.7／0.7
後ろ身頃（1枚）
290
3.5
裁ち切り／裁ち切り
0.7／0.7
表ヨーク（1枚）／裏ヨーク（1枚）
0.7／0.7
袖（1枚）／袖（1枚）
袖口は全体にギャザーを寄せる
105cm幅

14 キルティングとリネンの リバーシブルバッグ
photo P.30

底布の実物大型紙は **A** 面

出来上がり寸法
底直径28cm×横44cm×高さ28 cm

材料
側面表布、底、持ち手表布 ◐
C&S オリジナル リネン混のキルティング(ベージュ)
100cm幅×70cm

側面裏布、持ち手裏布 ◐
C&S オリジナル リネンツイル(ブラック)150cm幅×40cm

裁ち合わせ図
＊ 底布以外は裁ち合わせ図に示した寸法で裁つ
全て裁ち切り

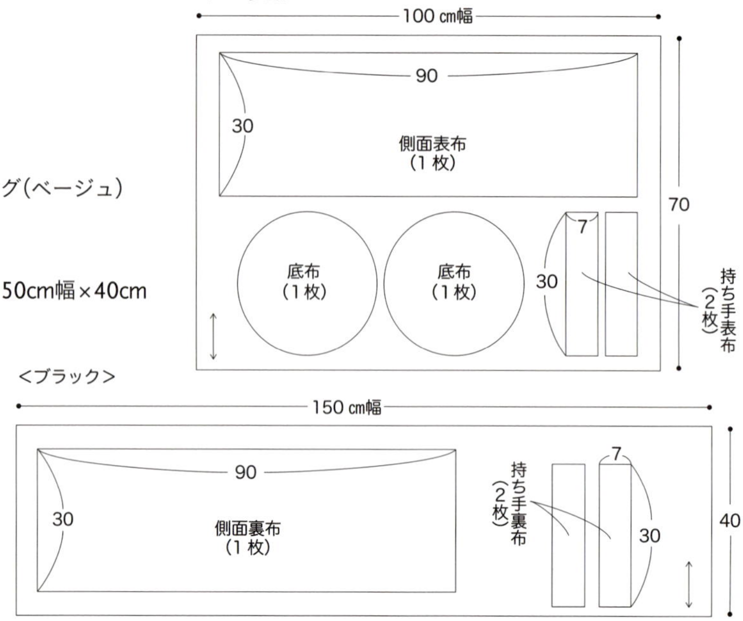

〈ベージュ〉
100 cm幅 / 90 / 30 / 70 / 側面表布(1枚) / 底布(1枚) / 底布(1枚) / 7 / 30 / 持ち手表布(2枚)

〈ブラック〉
150 cm幅 / 90 / 30 / 側面裏布(1枚) / 持ち手裏布(2枚) / 7 / 30 / 40

1 端を始末します。キルティングがほつれないように、裁断後すぐに布端に縁かがりミシンをかけます。

2 本体を作ります。側面表布を中表に二つ折りにして、1cmの縫い代で縫って「わ」にします。

3 側面裏布も同じように中表に二つ折りにして、返し口を12cm残して縫い合わせます。

4 側面表布の縫い代を割り、アイロンをかけます。裏布も同じようにアイロンをかけます。

5 底布2枚の円周¼ごとに印をつけます。側面布も縫い線を起点に¼ごとに印をつけます。

6 側面表布と底布を中表にして、**5**の印に合わせてまち針を打ちます。

54

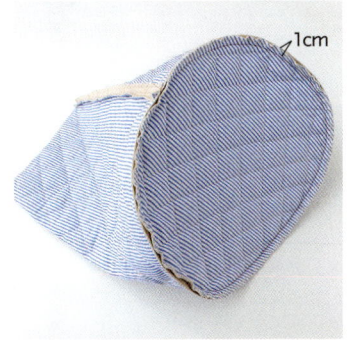

7 側面表布と底布を1cmの縫い代で縫い合わせます。底布を回しながら、焦らずゆっくり縫うのがコツ。

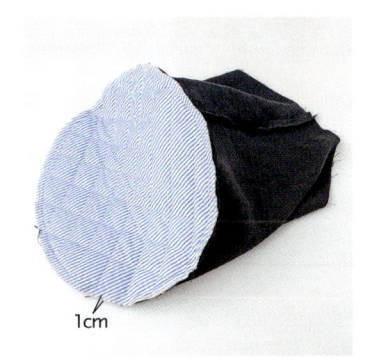

8 側面裏布ともう1枚の底布を中表に合わせ、同じように縫い合わせます。

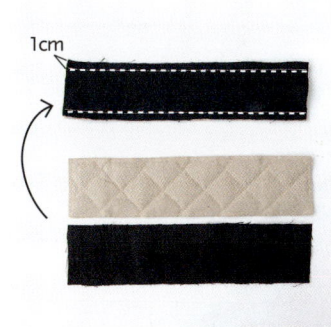

9 持ち手を作ります。持ち手用の表布と裏布を中表に重ね、1cmの縫い代で両端を縫います。

10 持ち手を表に返し、アイロンで形をととのえます。これを2本作ります。

11 持ち手をつけます。表袋の脇と「わ」から、それぞれ13cmのところに印をつけます。

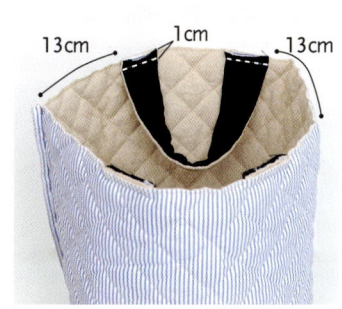

12 持ち手を仮どめします。持ち手を中表にして1cmの縫い代で縫います。

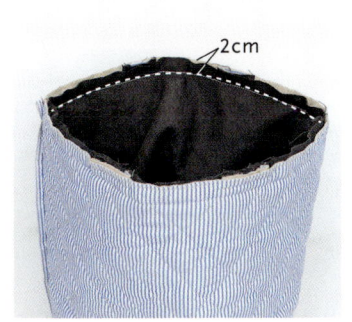

13 袋口を縫います。裏袋を中表に重ね、袋口から2cmのところを一周縫い合わせます。

14 返し口から表に返します。手前から引き出すより、奥から思い切り引き出す方がラク。

15 返し口をコの字とじ(P.87参照)でとじて、形をととのえたら完成です。

お店の紹介

吉祥寺店、fabric＆things（芦屋）ではソーイングルームを併設しています。

Webshop CHECK＆STRIPE
http://checkandstripe.com/

CHECK＆STRIPEのオリジナル生地や手芸資材を中心に紹介するオンラインショップ。お客さまの作品やスタッフの着こなしを見ていただくページやお知らせやワークショップの情報などを日々更新しています。

神戸店

北野坂をのぼったカトリック神戸中央教会の前にあり、パリの路地裏に佇むメルスリーのような雰囲気が人気です。こぢんまりとした小さなお店には、CHECK＆STRIPEセレクトの副資材やキットなど、ソーイングが好きな人の心くすぐるアイテムがぎゅっとつまっています。

〒650-0003 兵庫県神戸市中央区山本通 2-2-7-103
☎ 078-904-7586　open10：00〜19：00
無休（年末年始をのぞく）

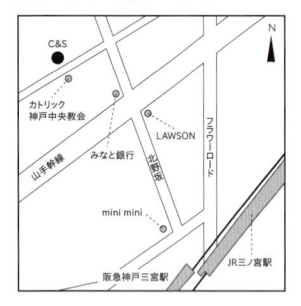

自由が丘店

定番の布以外に、海外で見つけたボタンやアップリケなど豊富な品揃えが評判。駅から3分という立地のよさで、幼稚園の送迎帰りのママやお仕事帰りの方にも愛されています。お子さまが遊べる小さなコーナーもあり、安心してお買い物できます。

〒152-0034 東京都目黒区緑が丘 2-24-13-105
☎ 03-6421-3200　open10：00〜19：00
無休（年末年始をのぞく）

吉祥寺店

雑貨屋さん、パン屋さんなどでにぎわう大正通りにあり、散策がてら訪れるお客さまでいっぱい。フロアの片隅にあるソーイングルームにはミシンを4台備え、ソーイングのほか、お花のアレンジやアクセサリーのワークショップも開講しています。

〒180-0004 東京都武蔵野市吉祥寺本町 2-31-1
山崎ビル1F ☎ 0422-23-5161　open10：00〜19：00
無休（年末年始をのぞく）

fabric＆things（芦屋）

芦屋川の並木道沿いにある絶好のロケーション。布だけでなく雑貨コーナーも充実しています。ワークショップを開講する地下のスペースは設備もととのい、ゆったり広々。ソーイングや暮らしにまつわる本をセレクトしたブックコーナーもあります。

〒659-0094 兵庫県芦屋市松ノ内町 4-8-102
☎ 0797-21-2323　open10：00〜19：00
無休（年末年始をのぞく）

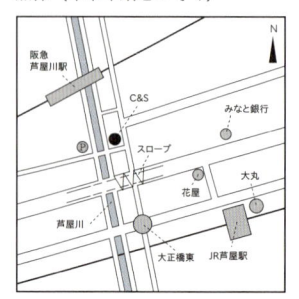

先生たちが使っている　便利な道具

Lesson 1

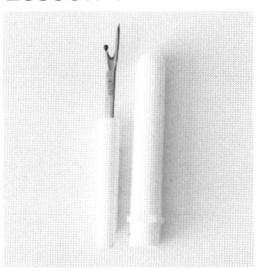

柴田奈津子さん
○ リッパー
シンプルでコンパクトなデザインと、切れ味のよさが気に入っている理由。英国ウェールズのブランド、MERCHANT & MILLSのもの。

柴田奈津子さん
○ 小ばさみ
クロバーのカットワークはさみソリ刃115。縫い代をカットしたり、カーブに切り込みをいれるなど細かな作業に重宝。握り手がしっかりして安定感も◎。

Lesson 2

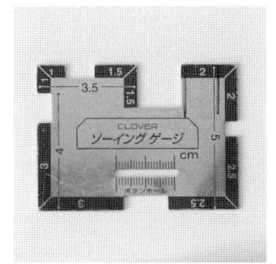

井上アコさん
○ ソーイングゲージ
1〜5cmまで5mm単位の縫い代の印付けが素早くできる優れモノ。「金属製でアイロンの折り目つけにも便利。10年愛用しています」クロバーのもの。

Lesson 3

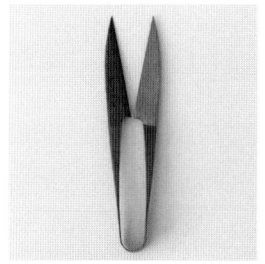

LULU さん
○ 糸切りばさみ
いい道具と永く付きあうことに憧れ、京都の有次で握り手に名前を入れて購入。「切れ味が悪くなったら、研ぎに行く予定です」

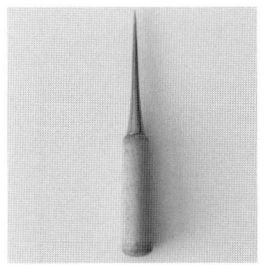

Lesson 4

LULU さん
○ 目打ち
ミシンがけで布を送ったり、押さえたり…。"右手の延長"として毎回使うアイテム。「手作りのカバーをかぶせ、大事にしています」

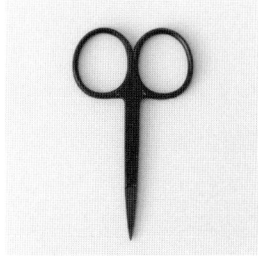

石川ゆみさん
○ 小ばさみ
シンプルで軽く、作業するときに持ちやすい。刃先が細く尖っているので、細かなところもカットできます。MERCHANT & MILLSのもの。

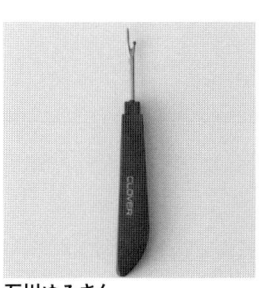

石川ゆみさん
○ リッパー
「縫い間違えやアクシデントは付きもの」という石川さんの必需品。刃先が細くシュッと切れ、柄が長く持ちやすいのがお気に入り。クロバーのもの。

Lesson 5

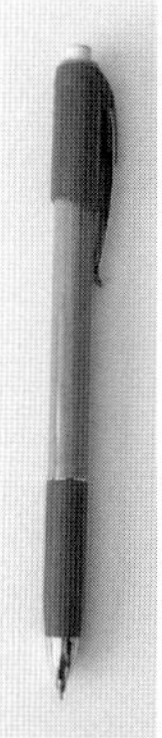

西山眞砂子さん
○ シャープペンシル
消しゴムや替芯付きの布書き用のシャープペンシル。西山さんは、濃い布地用に白、薄い布地用にピンクの2本を常備。金亀糸業のもの。

Lesson 6

小野美月さん
○ ルレット
ソーイングを始めたころに買った想い出の品。チャコペーパーをはさむと、表布と裏布の両面に手早く印をつけることができます。

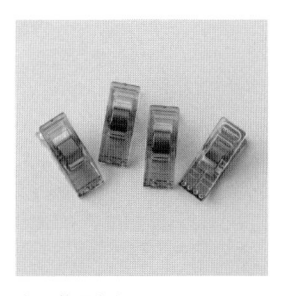

小野美月さん
○ 仮止めクリップ
40ページの帆布のお弁当トートを縫うときに活躍した道具。厚手の生地のほか、ラミネートや皮革などまち針をさすと穴があいてしまう素材の仮止めにも。

Lesson 7

Blue Bird tamami さん
○ ひも通し
プラスチック製で弾力があり、適度な長さが使いやすさの秘密。「長短2本セットで、ひもをいれる長さによって使い分けています」

Blue Bird hitomi さん
○ リストバンド付きピンクッション
hitomiさんの手作り。ワークショップで課題に取り上げ、好評だったアイテム。手首につけ、体の一部になって作業できるので便利。

How to Make 作り方

作り始める前に

◦ 大人は、S・M・Lの3サイズです。子どもは、100・110・120・130・140cmの5サイズ展開です（11後ろリボンのスモック 子ども、12ショートパンツ 子どもは90・100・110cmの3サイズ展開）。下記のサイズ表を参考にして、自分のサイズに合ったパターンを選びます。

◦ 裁ち合わせ図は大人がMサイズ、子どもが100cmサイズの配置になっています。サイズによって配置がずれることがありますので、確認してから裁断をしてください。

◦ 直線だけの小物やバッグ類は、作り方ページに製図が載っています。それを見て型紙を作るか、または布に直接線を引いて裁つ、直裁ちをおすすめします。

◦ 綿のニットやリネンは洗うと縮んでしまいますので、裁断する前に一度水通しをすることをおすすめします。布地をたたんでたっぷりの水に1時間ほど浸し、軽く脱水し、陰干しします。生乾きのうちに布目を整え、アイロンをかけて落ち着かせます。

◦ イラスト中の数字の単位はcmです。

◦ 材料で〇cm×〇cmと記載されているものは、横×縦です。

大人

サイズ	B(バスト)	W(ウエスト)	H(ヒップ)
S	79	59	86
M	83	64	90
L	88	69	96

子ども

サイズ	B(バスト)	W(ウエスト)	H(ヒップ)
90cm	50	47	54
100cm	54	49	57
110cm	58	51	60
120cm	62	53	64
130cm	66	55	68
140cm	70	57	72

＊単位は全てcm　＊全てヌード寸法
＊モデルの身長　大人は159cm、子どもは95cm

1 フレンチスリーブの ワンピース 大人
photo P.9

出来上がり寸法
*左からS／M／Lサイズ
ウエスト◉103／107／111cm（ゴムを入れてない状態）
着丈◉97／97／97cm（ゴムを入れてない状態で後ろ中心から）

材料
*左からS／M／Lサイズ
表布◉C&S オリジナル ナチュラルコットン HOLIDAY
　　　（チャコールネイビー）110cm幅×240／240／240cm
伸びどめテープ◉1.2cm幅×34cm
ゴムテープ◉2cm幅×61／66／71cm ＊ゴムテープの長さは目安

裁ち合わせ図
縫い代は指定以外1cmつける
＊並んだ数字は上から順に 120／130／140／S／M／Lサイズ
＊ ▓ は薄手接着芯を貼る位置　＊ ▓ は伸びどめテープを貼る位置
＊バイアス布は図に示した寸法で裁つ

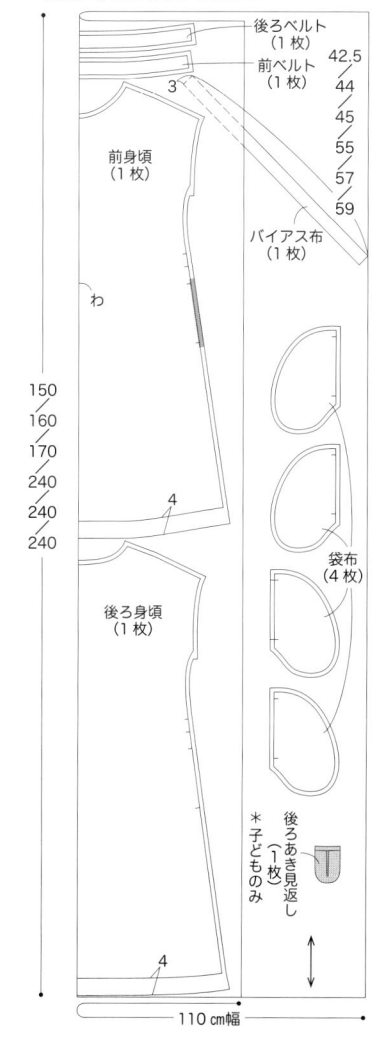

2 フレンチスリーブの ワンピース 子ども
photo P.9

実物大型紙は **A**面

出来上がり寸法
*左から100／110／120／130／140サイズ
ウエスト◉75／79／83／87／91cm（ゴムを入れてない状態）
着丈◉53／56／59／62／65cm（ゴムを入れてない状態で後ろ中心から）

材料
*左から100／110／120／130／140サイズ
表布◉C&S オリジナル 100そうギンガムチェック
　　　（ブルー）110cm幅×100／100／150／160／170cm
薄手接着芯◉10cm×10cm
伸びどめテープ◉1.2cm幅×30／31／32／33／34cm
ゴムテープ◉1.2cm幅×51／53／55／57／59cm
　＊ゴムテープの長さは目安
ボタン◉直径1.1cm×1個

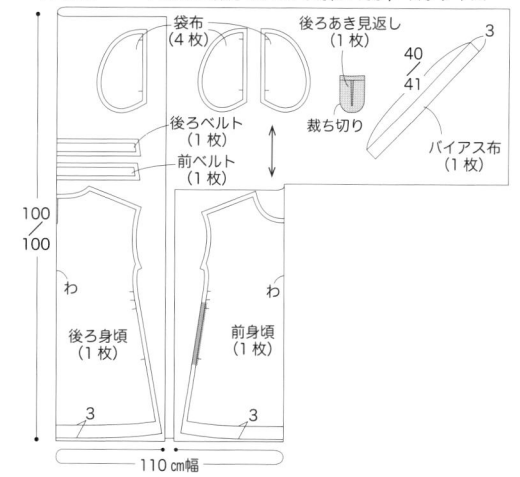

作り方順序

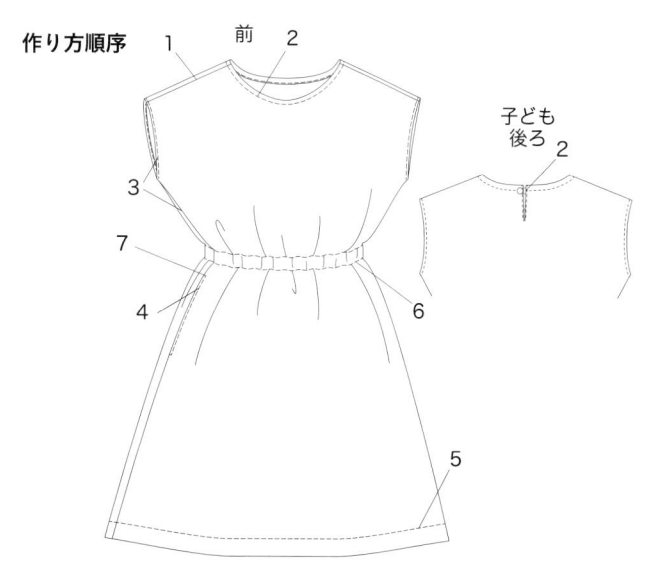

作り方

1 肩を縫います

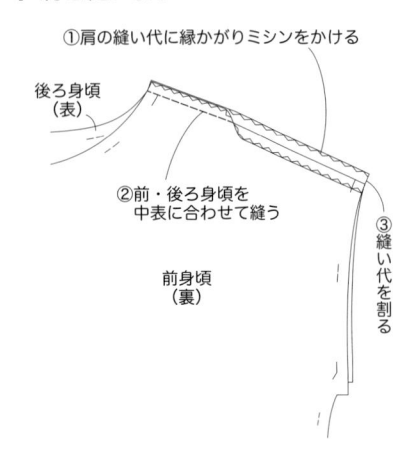

① 肩の縫い代に縁かがりミシンをかける
② 前・後ろ身頃を中表に合わせて縫う
③ 縫い代を割る

後ろ身頃（表）
前身頃（裏）

2 衿ぐりを始末します

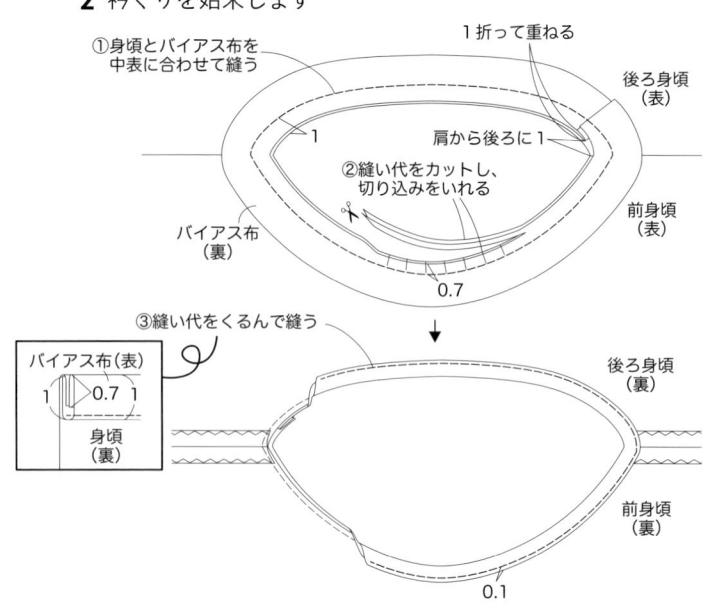

① 身頃とバイアス布を中表に合わせて縫う
1 折って重ねる
肩から後ろに1
② 縫い代をカットし、切り込みをいれる
③ 縫い代をくるんで縫う

バイアス布（裏）
後ろ身頃（表）
前身頃（表）
0.7
0.1

バイアス布（表）
1　0.7　1
身頃（裏）

後ろ身頃（裏）
前身頃（裏）

3 袖口を始末し、脇を縫います

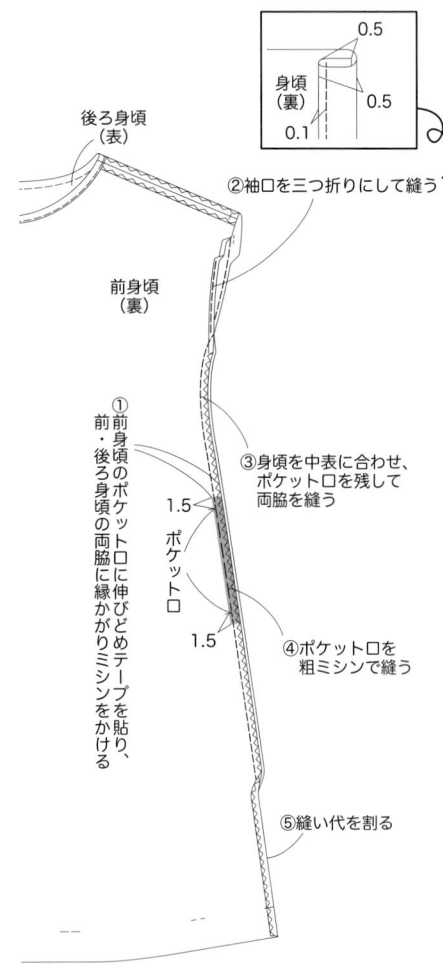

0.5
身頃（裏）
0.5
0.1

後ろ身頃（表）
② 袖口を三つ折りにして縫う
前身頃（裏）

① 前・後ろ身頃のポケット口の、前・後ろ身頃の両脇に伸びどめテープを貼り、縁かがりミシンをかける

1.5
ポケット口
1.5

③ 身頃を中表に合わせ、ポケット口を残して両脇を縫う
④ ポケット口を粗ミシンで縫う
⑤ 縫い代を割る

子どもの衿ぐりの始末の仕方

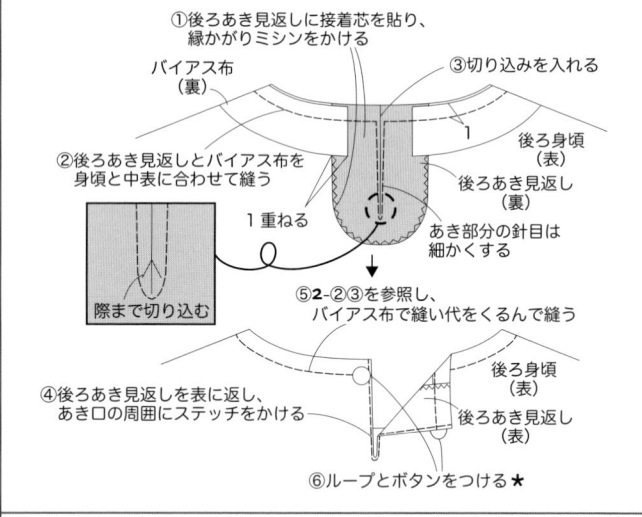

① 後ろあき見返しに接着芯を貼り、縁かがりミシンをかける
③ 切り込みを入れる
バイアス布（裏）
後ろ身頃（表）
1
後ろあき見返し（裏）
② 後ろあき見返しとバイアス布を身頃と中表に合わせて縫う
1 重ねる
際まで切り込む
あき部分の針目は細かくする

⑤ 2-③を参照し、バイアス布で縫い代をくるんで縫う
④ 後ろあき見返しを表に返し、あき口の周囲にステッチをかける
後ろ身頃（表）
後ろあき見返し（表）
⑥ ループとボタンをつける ★

★ループの作り方

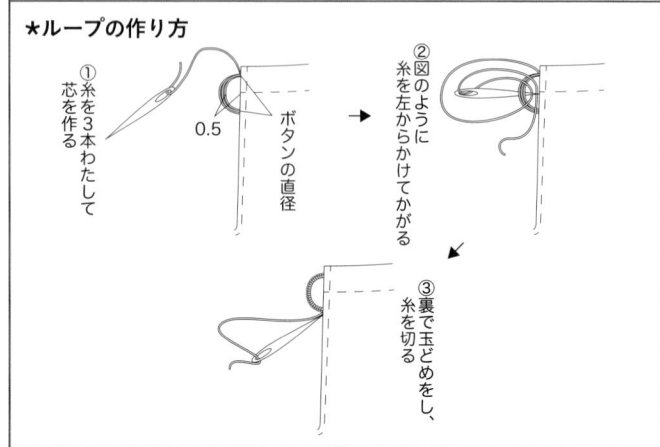

① 糸を3本わたして芯を作る
0.5
ボタンの直径
② 図のように糸を左からかけてかがる
③ 裏で玉どめをし、糸を切る

4 ポケットをつけます

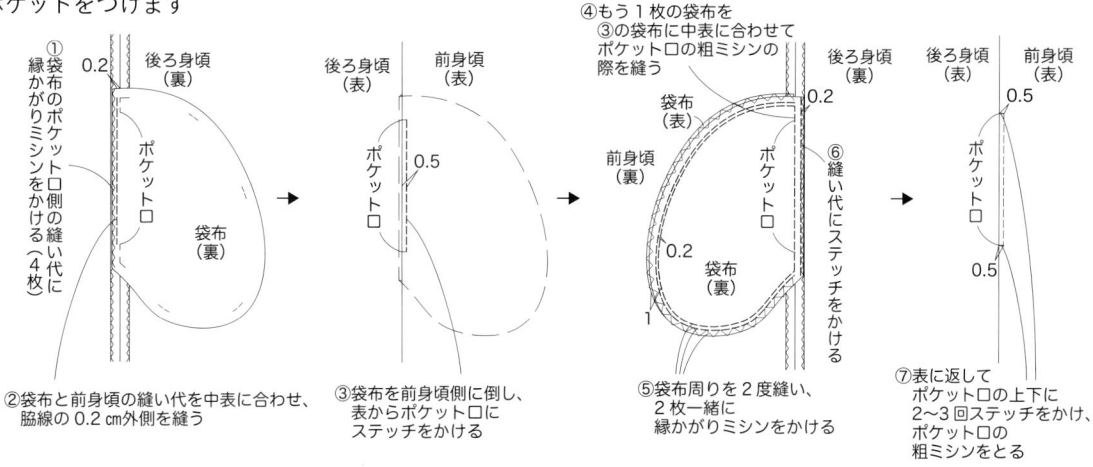

① 袋布のポケット口側の縫い代に縁かがりミシンをかける（4枚）

0.2

後ろ身頃（裏）

ポケット口

袋布（裏）

② 袋布と前身頃の縫い代を中表に合わせ、脇線の0.2cm外側を縫う

→

後ろ身頃（表）

前身頃（表）

0.5

ポケット口

③ 袋布を前身頃側に倒し、表からポケット口にステッチをかける

→

④ もう1枚の袋布を③の袋布に中表に合わせてポケット口の粗ミシンの際を縫う

後ろ身頃（裏）

袋布（表）

前身頃（裏）

ポケット口

0.2

袋布（裏）

1

⑤ 袋布周りを2度縫い、2枚一緒に縁かがりミシンをかける

⑥ 縫い代にステッチをかける

→

後ろ身頃（裏）

0.2

前身頃（表）

0.5

ポケット口

0.5

⑦ 表に返してポケット口の上下に2〜3回ステッチをかけ、ポケット口の粗ミシンをとる

5 裾を始末します

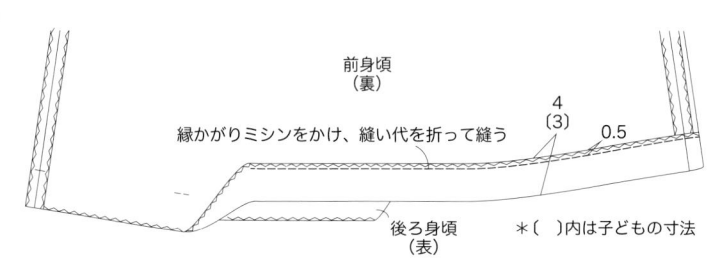

前身頃（裏）

縁かがりミシンをかけ、縫い代を折って縫う

4
(3)

0.5

後ろ身頃（表）

＊( )内は子どもの寸法

6 ベルトをつけ、ゴムを通します

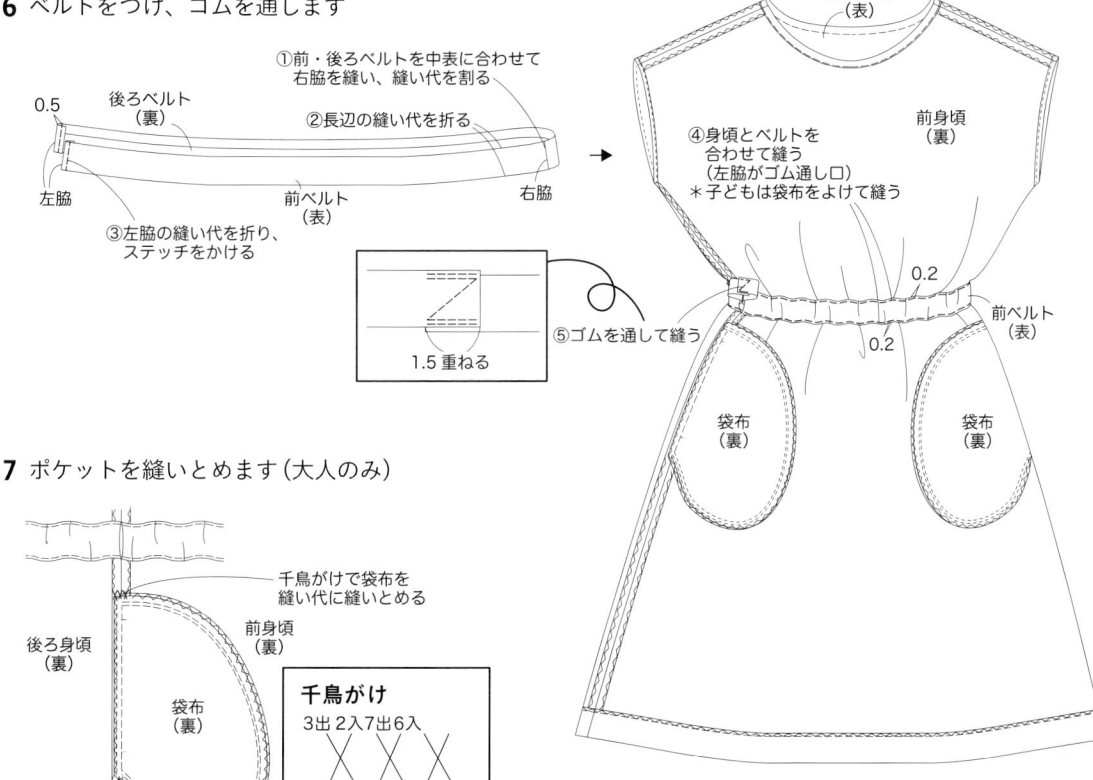

0.5

後ろベルト（裏）

左脇

前ベルト（表）

右脇

① 前・後ろベルトを中表に合わせて右脇を縫い、縫い代を割る

② 長辺の縫い代を折る

③ 左脇の縫い代を折り、ステッチをかける

1.5 重ねる

⑤ ゴムを通して縫う

→

後ろ身頃（表）

前身頃（裏）

④ 身頃とベルトを合わせて縫う（左脇がゴム通し口）
＊子どもは袋布をよけて縫う

0.2

0.2

前ベルト（表）

袋布（裏）

袋布（裏）

7 ポケットを縫いとめます（大人のみ）

後ろ身頃（裏）

袋布（裏）

前身頃（裏）

千鳥がけで袋布を縫い代に縫いとめる

千鳥がけ

3出 2入 7出 6入

1出　5出 4入　8入

3 フレアスカート　大人
photo P.10

出来上がり寸法
＊左からS／M／Lサイズ
ウエスト ● 88／92／98cm（ゴムを入れてない状態）
スカート丈 ● 53.5／54／54.5cm

材料
＊左からS／M／Lサイズ
表布 ● C&S オリジナル
　　　洗いざらしのハーフリネンダンガリー（ホワイト）
　　　110cm幅×180／180／190cm
裏布 ● C&S オリジナル コットンローン sweets（白×白）
　　　110cm幅×170／180／180cm
ゴムテープ ● 3cm幅×61／66／71cm　＊ゴムテープの長さは目安

裁ち合わせ図
縫い代は指定以外1cmつける

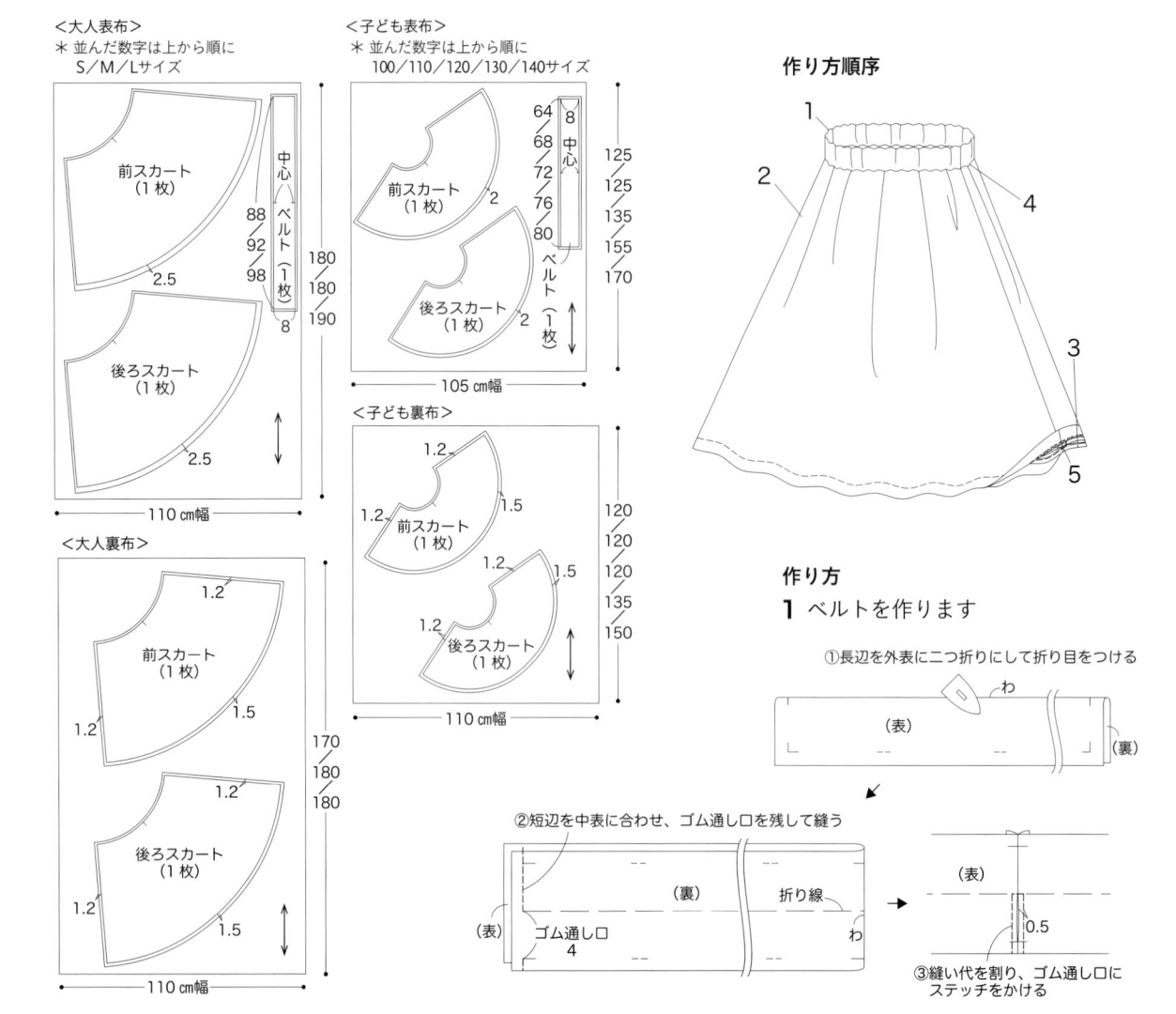

<大人表布>
＊並んだ数字は上から順に
　S／M／Lサイズ

<大人裏布>

4 フレアスカート　子ども
photo P.10

実物大型紙は B 面

出来上がり寸法
＊左から100／110／120／130／140サイズ
ウエスト ● 64／68／72／76／80cm（ゴムを入れてない状態）
スカート丈 ● 28／31／34／37／40cm

材料
＊左から100／110／120／130／140サイズ
表布 ● C&S オリジナル
　　　プティットエトワール（グレイッシュカーキ地に黒）
　　　105cm幅×125／125／135／155／170cm
裏布 ● C&S オリジナル
　　　コットンローン sweets（木いちご×木いちご）
　　　110cm幅×120／120／120／135／150cm
ゴムテープ ● 3cm幅×51／53／55／57／59cm
　　　＊ゴムテープの長さは目安

<子ども表布>
＊並んだ数字は上から順に
　100／110／120／130／140サイズ

<子ども裏布>

作り方順序

作り方
1 ベルトを作ります

①長辺を外表に二つ折りにして折り目をつける

②短辺を中表に合わせ、ゴム通し口を残して縫う

③縫い代を割り、ゴム通し口にステッチをかける

62

2 表スカートを作ります

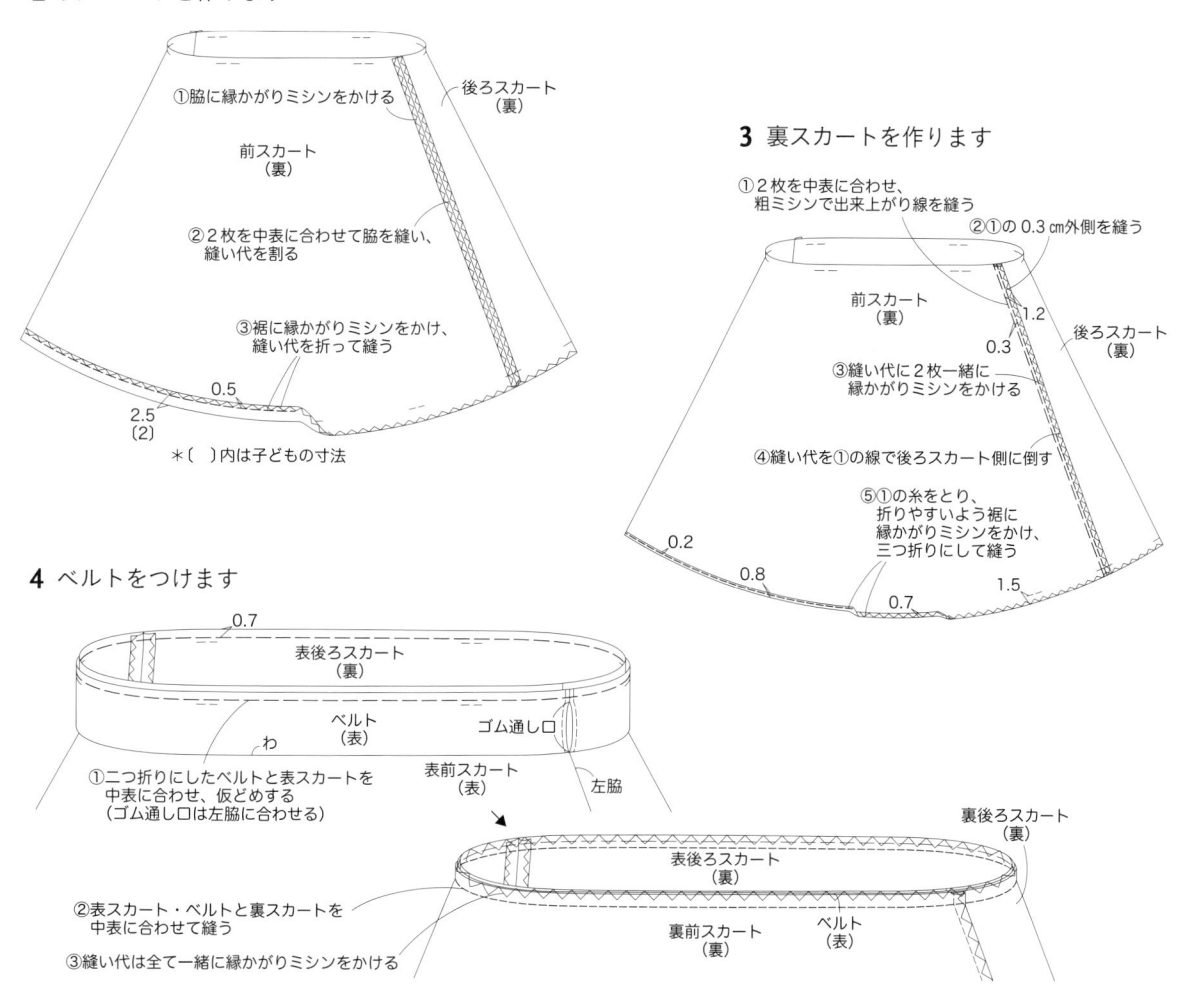

①脇に縁かがりミシンをかける
後ろスカート（裏）
前スカート（裏）
②2枚を中表に合わせて脇を縫い、縫い代を割る
③裾に縁かがりミシンをかけ、縫い代を折って縫う
0.5
2.5
(2)
*( )内は子どもの寸法

3 裏スカートを作ります

①2枚を中表に合わせ、粗ミシンで出来上がり線を縫う
②①の0.3cm外側を縫う
前スカート（裏）
後ろスカート（裏）
1.2
0.3
③縫い代に2枚一緒に縁かがりミシンをかける
④縫い代を①の線で後ろスカート側に倒す
⑤①の糸をとり、折りやすいよう裾に縁かがりミシンをかけ、三つ折りにして縫う
0.2
0.8
0.7
1.5

4 ベルトをつけます

0.7
表後ろスカート（裏）
ベルト（表）
ゴム通し口
わ
表前スカート（表）
左脇
裏後ろスカート（裏）
表後ろスカート（裏）
裏前スカート（裏）
ベルト（表）

①二つ折りにしたベルトと表スカートを中表に合わせ、仮どめする（ゴム通し口は左脇に合わせる）
②表スカート・ベルトと裏スカートを中表に合わせて縫う
③縫い代は全て一緒に縁かがりミシンをかける

5 ゴムを通し、糸ループを作ります

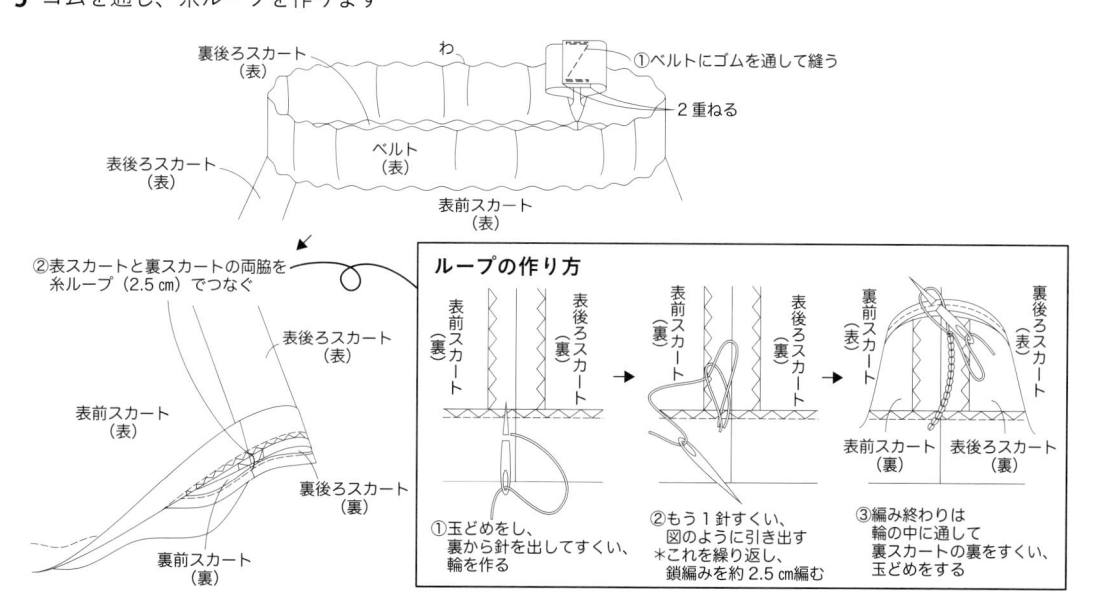

裏後ろスカート（表）
わ
①ベルトにゴムを通して縫う
2重ねる
表後ろスカート（表）
ベルト（表）
表前スカート（表）

②表スカートと裏スカートの両脇を糸ループ（2.5cm）でつなぐ
表後ろスカート（表）
表前スカート（表）
裏後ろスカート（裏）
裏前スカート（裏）

ループの作り方

表前スカート（裏） | 表後ろスカート（裏）
①玉どめをし、裏から針を出してすくい、輪を作る

表前スカート（裏） | 表後ろスカート（裏）
②もう1針すくい、図のように引き出す
*これを繰り返し、鎖編みを約2.5cm編む

裏前スカート（表） | 裏後ろスカート（表）
表前スカート（裏） | 表後ろスカート（裏）
③編み終わりは輪の中に通して裏スカートの裏をすくい、玉どめをする

5
リボンのワンピース 大人
photo P.14

出来上がり寸法 ＊左からS／M／Lサイズ
着丈 ● 101.5／102.5／103.5cm（後ろ中心から）

材料 ＊左からS／M／Lサイズ
表布 ● C&S オリジナル 天使のリネン（ストーン）
　　　100cm幅×230／240／240cm

裁ち合わせ図
縫い代は指定以外1cmつける
＊袖ぐりのバイアス布は図に示した寸法で裁つ
＊衿ぐりのバイアス布は図に示した寸法にはぎ合わせる（全サイズ共通）

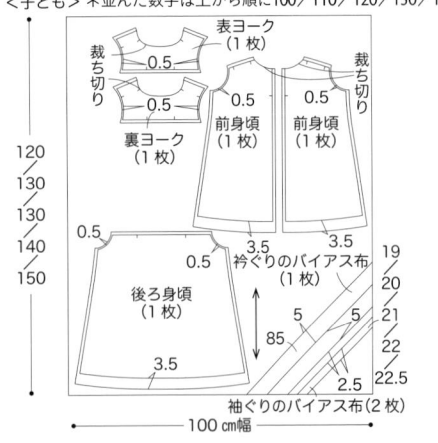

6
リボンのワンピース 子ども
photo P.14

実物大型紙は **B**面

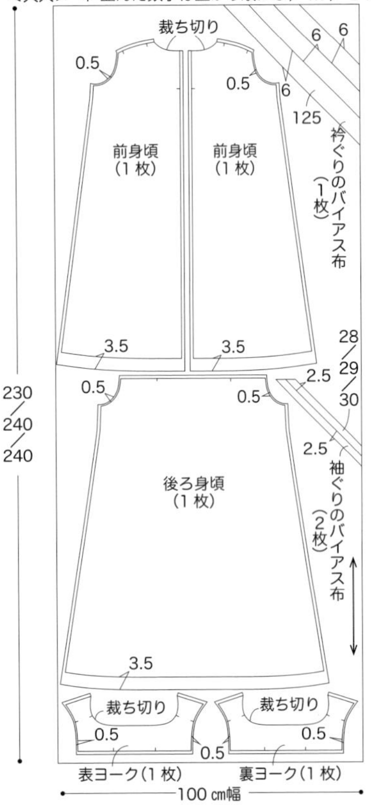

出来上がり寸法
＊左から100／110／120／130／140サイズ
着丈 ● 52.5／55.5／58.5／61.5／64.5cm（後ろ中心から）

材料
＊左から100／110／120／130／140サイズ
表布 ● C&S オリジナル 天使のリネン（フレンチターコイズ）
　　　100cm幅×120／130／130／140／150cm

作り方順序

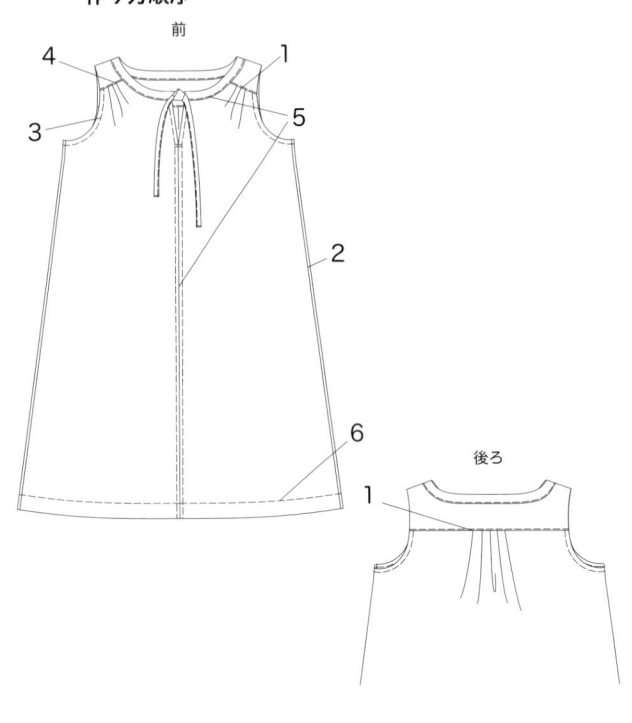

作り方
1 身頃にギャザーを寄せます

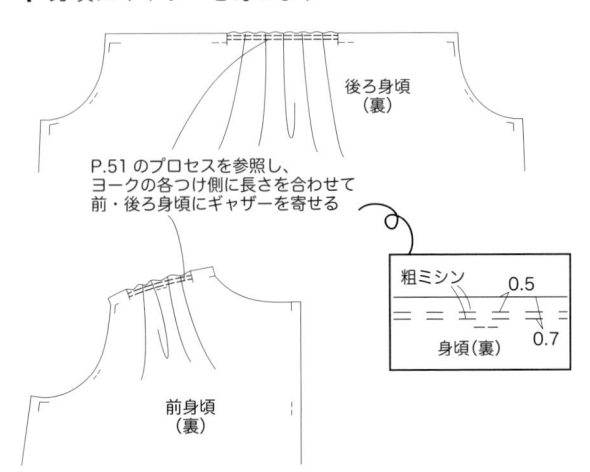

P.51のプロセスを参照し、ヨークの各つけ側に長さを合わせて前・後ろ身頃にギャザーを寄せる

粗ミシン 0.5／0.7
身頃（裏）

2 脇を縫います

- ① 脇の縫い代に縁かがりミシンをかける
- ② 前・後ろ身頃を中表に合わせて縫い、縫い代を割る

前身頃（裏）／後ろ身頃（表）

3 袖ぐりの始末をします

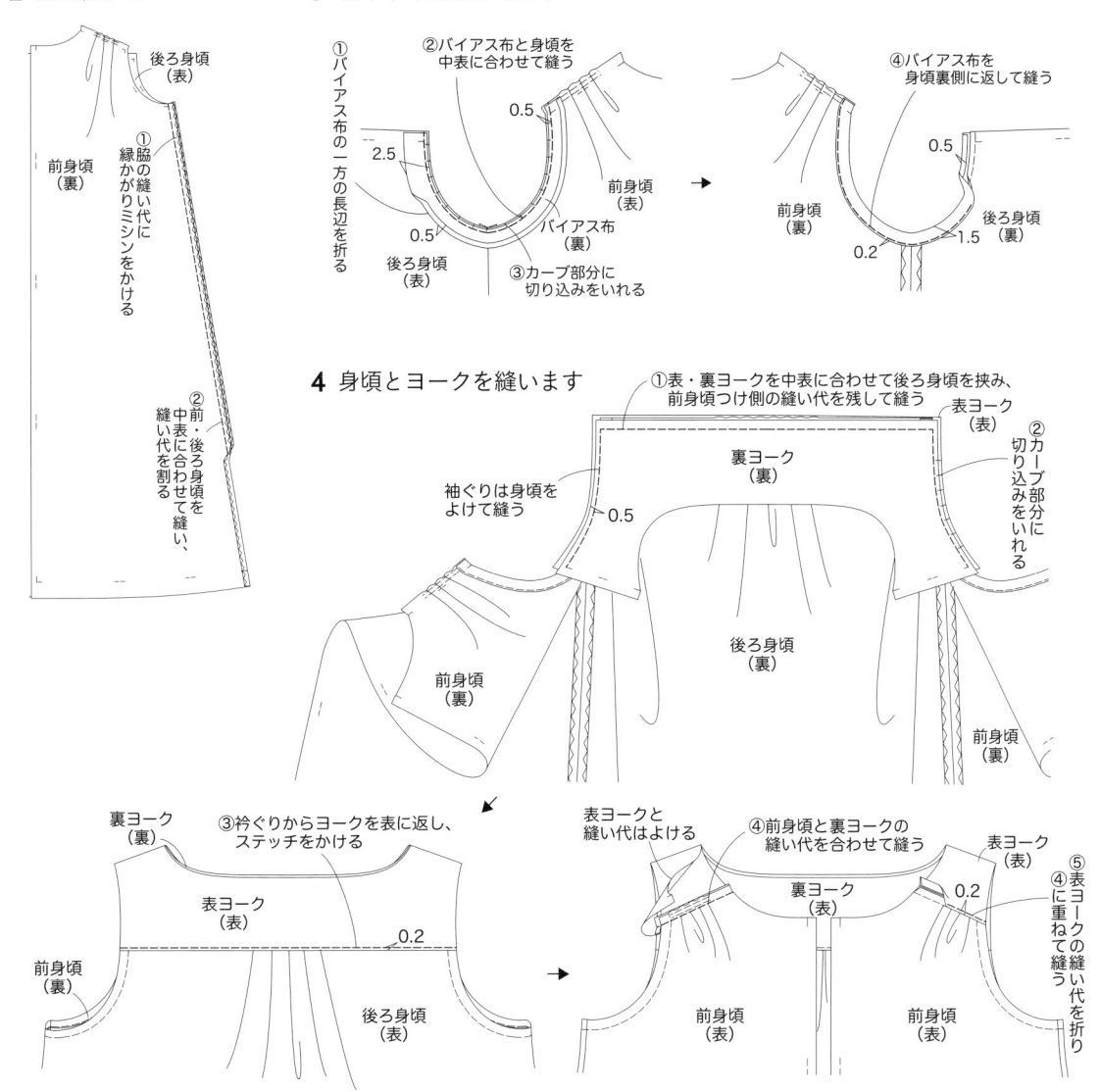

- ① バイアス布の一方の長辺を折る
- ② バイアス布と身頃を中表に合わせて縫う
- ③ カーブ部分に切り込みをいれる
- ④ バイアス布を身頃裏側に返して縫う

0.5／2.5／0.5／0.2／0.5／1.5

前身頃（表）／後ろ身頃（表）／バイアス布（裏）／前身頃（裏）／後ろ身頃（裏）

4 身頃とヨークを縫います

- ① 表・裏ヨークを中表に合わせて後ろ身頃を挟み、前身頃つけ側の縫い代を残して縫う
- ② カーブ部分に切り込みをいれる

袖ぐりは身頃をよけて縫う　0.5

表ヨーク（表）／裏ヨーク（裏）／前身頃（裏）／後ろ身頃（裏）／前身頃（裏）

- ③ 衿ぐりからヨークを表に返し、ステッチをかける　0.2
- ④ 前身頃と裏ヨークの縫い代を合わせて縫う　0.2
- ⑤ 表ヨークの縫い代を折り、④に重ねて縫う

表ヨークと縫い代はよける

裏ヨーク（裏）／表ヨーク（表）／前身頃（裏）／後ろ身頃（表）／裏ヨーク（表）／前身頃（表）／表ヨーク（表）

5 前中心を縫い、衿ぐりの始末をします

- ① 前中心に縁かがりミシンをかけ、中表に合わせてあき止まりまで縫う
- ② 縫い代を割ってステッチをかけ、あき止まりにもステッチをかける
- ③ バイアス布を図の寸法だけ出して衿ぐりに重ね、右前中心から左前中心まで縫い、余分をカットする
- ④ バイアス布で端から端までステッチをかける

バイアス布（裏）　1　1　1(0.5)あける　2(1.5)　0.2　0.2　25(14)　切りっぱなし　6(5)　30(16.5)　あき止まり　0.5　0.5

左前身頃（裏）／右前身頃（裏）

※（ ）内は子どもの寸法

6 裾を始末します

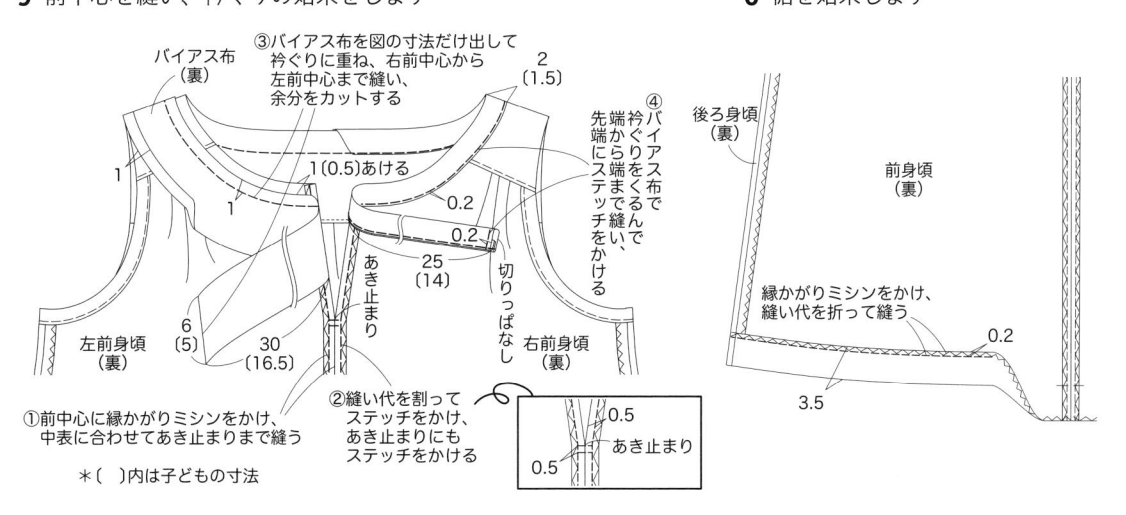

後ろ身頃（裏）／前身頃（裏）

縁かがりミシンをかけ、縫い代を折って縫う　0.2　3.5

実物大型紙は **B** 面

アレンジ2
9 リボンのワンピース（Aライン） 大人
photo P.18

出来上がり寸法 ＊左からS／M／Lサイズ
着丈 ◒103／104／105 cm（後ろ中心から）

材料 ＊左からS／M／Lサイズ
表布 ◒C&S オリジナル
　　　コットンリネンレジェール（ブラック）
　　　105cm幅×220／230／240cm

裁ち合わせ図
縫い代は指定以外1cmつける
＊ 袖ぐりのバイアス布は図に示した寸法で裁つ
＊ 衿ぐりのバイアス布は図に示した寸法にはぎ合わせる（全サイズ共通）

<大人> ＊並んだ数字は上から順にS／M／Lサイズ

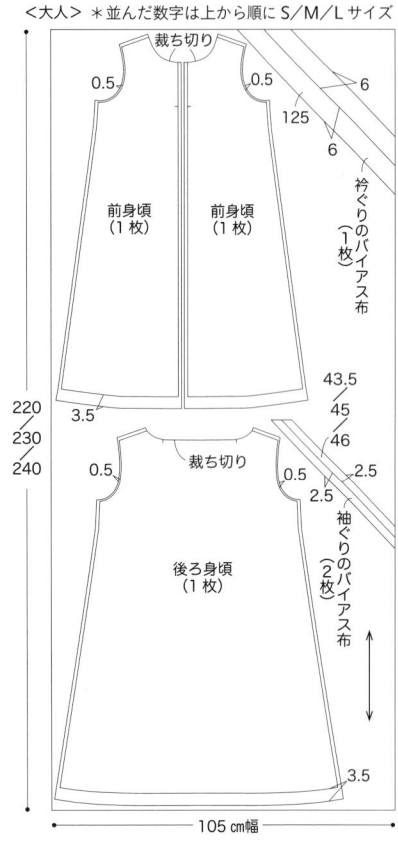

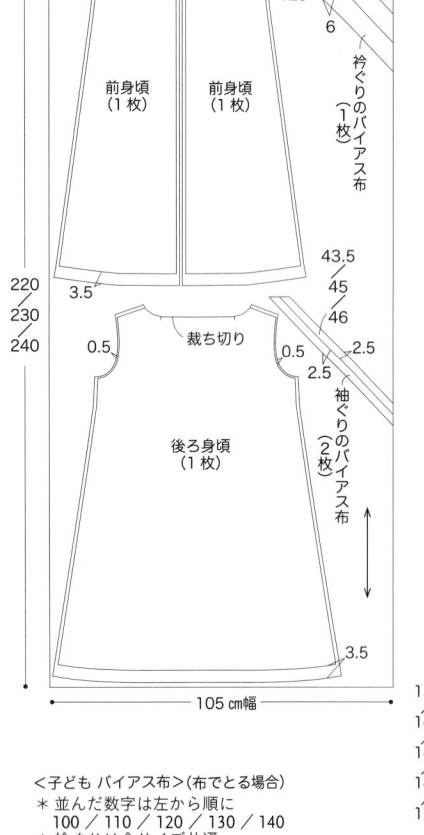

<子ども バイアス布>（布でとる場合）
＊ 並んだ数字は左から順に
　100 ／ 110 ／ 120 ／ 130 ／ 140
＊ 衿ぐりは全サイズ共通

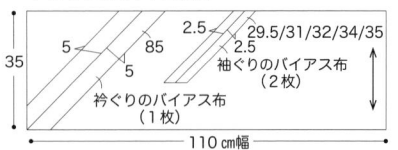

アレンジ2
10 リボンのワンピース（Aライン） 子ども
photo P.18

出来上がり寸法
＊左から100／110／120／130／140サイズ
着丈 ◒53／56／59／62／65 cm（後ろ中心から）

材料
＊左から100／110／120／130／140サイズ
表布 ◒リバティプリント パンジーフラワー（ブルー系）
　　　110cm幅×130／140／140／140／150
バイアステープ（別布）◒2.5cm幅×70cm（全サイズ共通）
　　　5cm幅×85cm（全サイズ共通）

作り方順序

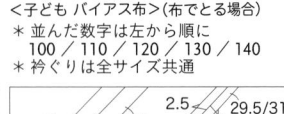

<子ども> ＊並んだ数字は上から順に
100／110／120／130／140

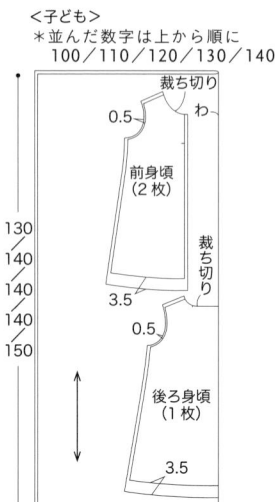

作り方
1 前中心を縫います

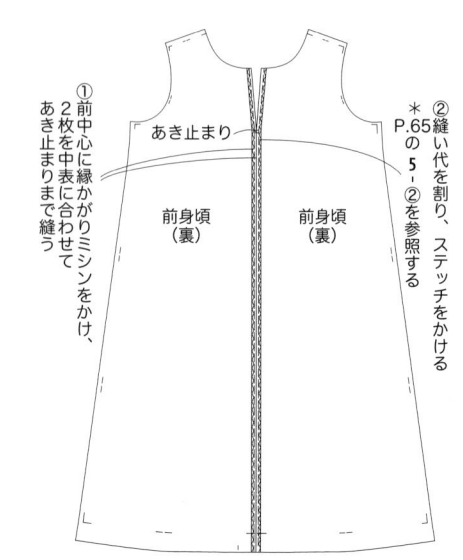

① 前中心に縁かがりミシンをかけ、2枚を中表に合わせてあき止まりまで縫う
② P.65の 5－② を参照する
＊ 縫い代を割り、ステッチをかける

あき止まり
前身頃（裏）

2 後ろ身頃のギャザーを寄せ、肩を縫います

- ①P.51のプロセスを参照してギャザーを寄せる
- *（ ）内は子どもの寸法
- 後ろ身頃（表）12(8)
- 前身頃（裏）
- 粗ミシン 1.5
- 後ろ身頃（裏）0.2
- ②前・後ろ身頃を中表に合わせて縫う
- ③縫い代に2枚一緒に縁かがりミシンをかける

3 袖ぐりにバイアス布を縫い合わせます

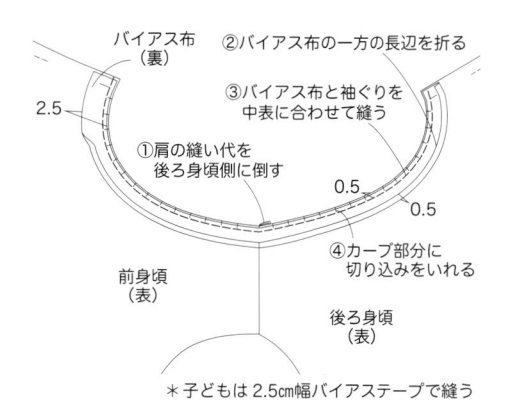

- バイアス布（裏）
- ②バイアス布の一方の長辺を折る
- ①肩の縫い代を後ろ身頃側に倒す
- ③バイアス布と袖ぐりを中表に合わせて縫う
- 2.5
- 0.5
- 0.5
- 前身頃（表）
- 後ろ身頃（表）
- ④カーブ部分に切り込みをいれる
- ＊子どもは2.5cm幅バイアステープで縫う

4 衿ぐりの始末をします

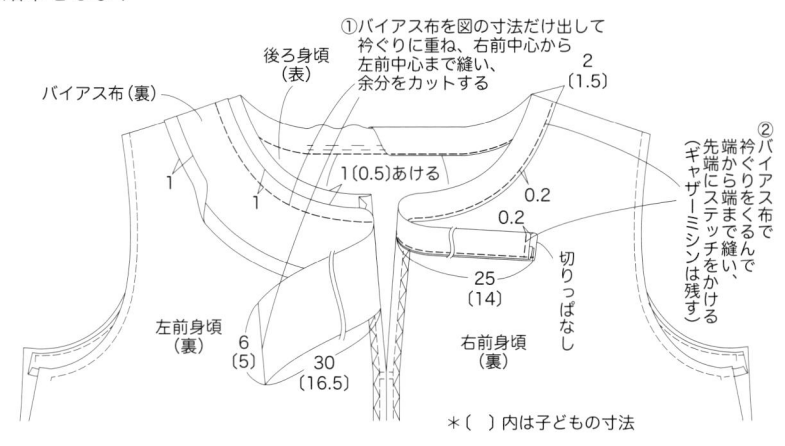

- ①バイアス布を図の寸法だけ出して衿ぐりに重ね、右前中心から左前中心まで縫い、余分をカットする
- 後ろ身頃（表）
- バイアス布（裏）
- 2 (1.5)
- 1
- 1
- 1(0.5)あける
- 0.2
- 0.2
- ②バイアス布で衿ぐりをくるんで端から端まで縫い、衿ぐりにステッチをかける（先端にギャザーミシンは残す）
- 左前身頃（裏）
- 6 (5)
- 30 (16.5)
- 右前身頃（裏）
- 25 (14)
- 切りっぱなし
- ＊（ ）内は子どもの寸法

5 脇を縫います

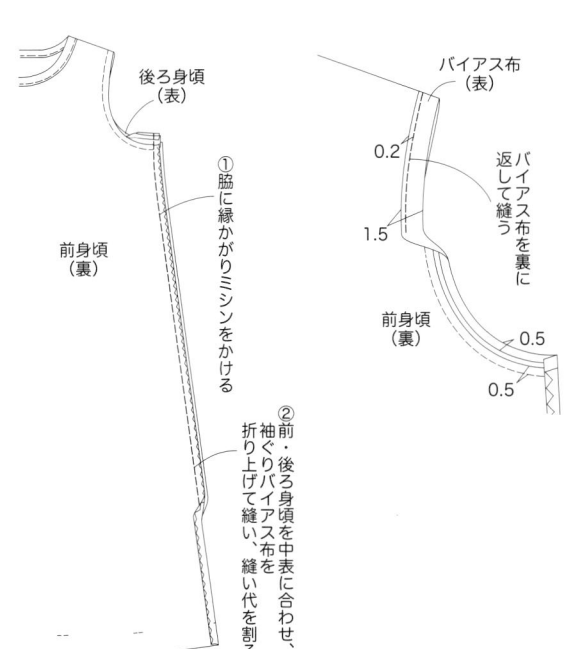

- 後ろ身頃（表）
- 前身頃（裏）
- ①脇に縁かがりミシンをかける
- ②前・後ろ身頃を中表に合わせ、折り上げて縫い、縫い代を割る

6 袖ぐりの始末をします

- バイアス布（表）
- 後ろ身頃（表）
- 0.2
- 1.5
- 前身頃（裏）
- 0.5
- 0.5
- バイアス布を裏に返して縫う

7 裾の始末をします

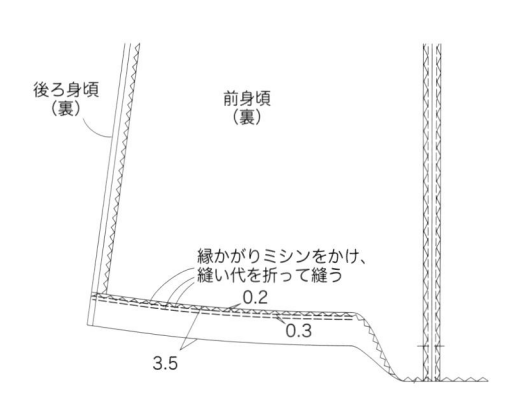

- 後ろ身頃（裏）
- 前身頃（裏）
- 縁かがりミシンをかけ、縫い代を折って縫う
- 0.2
- 0.3
- 3.5

11 後ろリボンのスモック 子ども

photo P.22

実物大型紙は **A面**

出来上がり寸法

*左から90／100／110サイズ
着丈 ● 31.5／34.5／37.5cm（後ろ中心から）

材料

*左から90／100／110サイズ
（ストライプ）
表布 ● C&Sオリジナルハーフリネンストライプ105cm幅×90／100／120cm
リボン ● C&Sオリジナル海のブロード（ホワイト）110cm幅×20cm（全サイズ共通）
接着芯 ● 35cm×30cm（全サイズ共通）
ゴムテープ ● 0.6cm幅×30／32／34cm ＊ゴムテープの長さは目安
（白）
表布 ● C&Sオリジナルやさしいリネン（ホワイト）110cm幅×110／120／140cm
接着芯 ● 35cm×30cm（全サイズ共通）
ゴムテープ ● 0.6cm幅×30／32／34cm ＊ゴムテープの長さは目安

裁ち合わせ図

縫い代は指定以外1cmつける
＊リボンは図に示した寸法で裁つ
（全サイズ共通）
＊ ▓ は接着芯を貼る位置
（ストライプ）並んだ数字は上から順に
90／100／110サイズ

105cm幅

後ろ身頃（1枚） 0.5 / 2.5
衿ぐり見返し（1枚） 裁ち切り
後ろ見返し（1枚） 0.5 裁ち切り
袖（2枚） 2.5
前身頃（1枚） わ 2.5
ポケット（1枚） 3

90／100／120

作り方順序

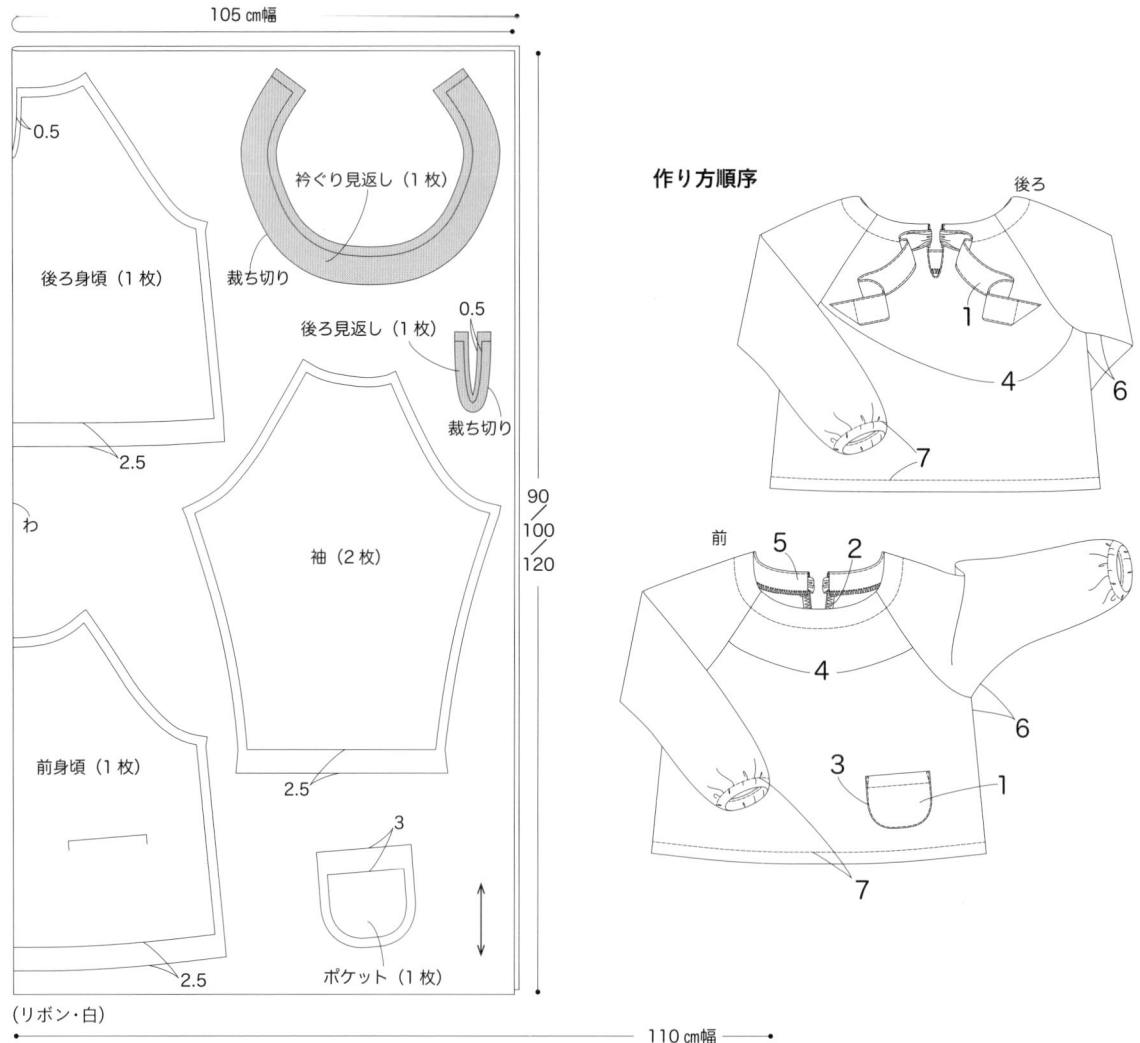

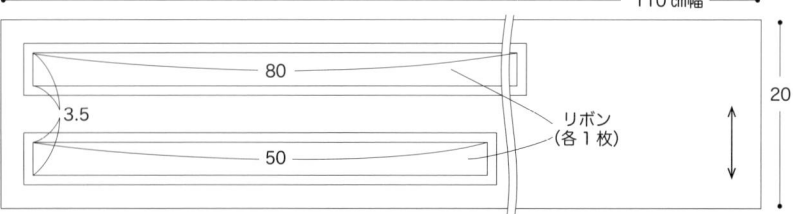

後ろ 1, 4, 6, 7
前 5, 2, 4, 6, 3, 1, 7

（リボン・白）
110cm幅
80 3.5
50
リボン（各1枚） 20

＊（白）は（ストライプ）の裁ち合わせ図を
参考に全てのパーツを同じ布で裁つ

作り方

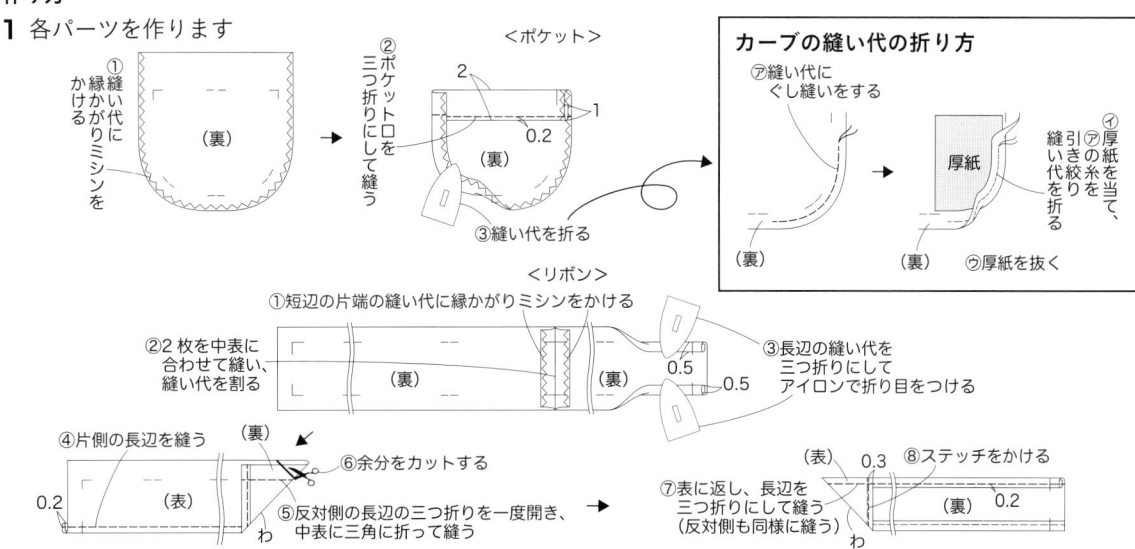

1 各パーツを作ります

<ポケット>
- ①縫い代に縁かがりミシンをかける
- ②ポケット口を三つ折りにして縫う
- ③縫い代を折る

カーブの縫い代の折り方
- ⑦縫い代にぐし縫いをする
- ⑦厚紙を当て、⑦の糸を引き絞り縫い代を折る
- ⑨厚紙を抜く

<リボン>
- ①短辺の片端の縫い代に縁かがりミシンをかける
- ②2枚を中表に合わせて縫い、縫い代を割る
- ③長辺の縫い代を三つ折りにしてアイロンで折り目をつける
- ④片側の長辺を縫う
- ⑤反対側の長辺の三つ折りを一度開き、中表に三角に折って縫う
- ⑥余分をカットする
- ⑦表に返し、長辺を三つ折りにして縫う（反対側も同様に縫う）
- ⑧ステッチをかける

2 後ろ身頃に見返しをつけます

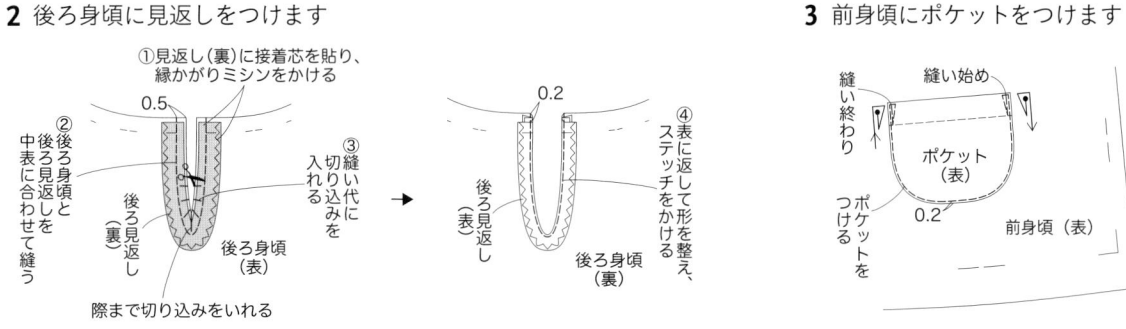

- ①見返し（裏）に接着芯を貼り、縁かがりミシンをかける
- ②後ろ身頃と後ろ見返しを中表に合わせて縫う
- ③縫い代に切り込みを入れる
- 際まで切り込みをいれる
- ④表に返して形を整え、ステッチをかける

3 前身頃にポケットをつけます

- 縫い始め
- 縫い終わり
- ポケットをつける

4 身頃と袖を縫い合わせます

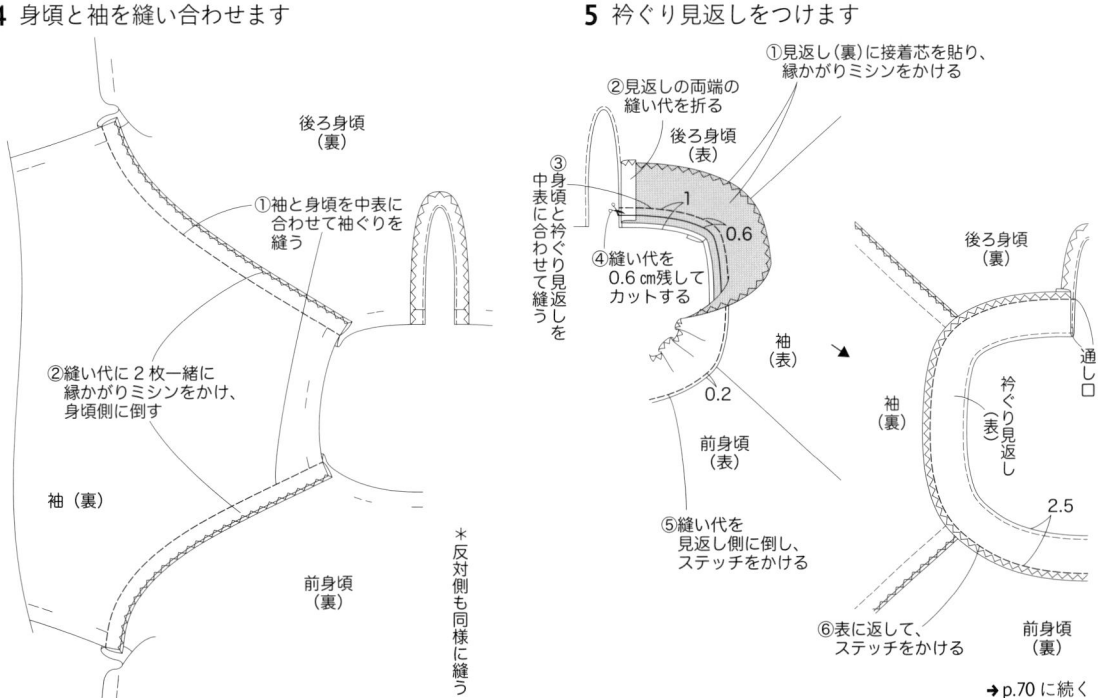

- ①袖と身頃を中表に合わせて縫い袖ぐりを縫う
- ②縫い代に2枚一緒に縁かがりミシンをかけ、身頃側に倒す
- ＊反対側も同様に縫う

5 衿ぐり見返しをつけます

- ①見返し（裏）に接着芯を貼り、縁かがりミシンをかける
- ②見返しの両端の縫い代を折る
- ③身頃と衿ぐり見返しを中表に合わせて縫う
- ④縫い代を0.6cm残してカットする
- ⑤縫い代を見返し側に倒し、ステッチをかける
- ⑥表に返して、ステッチをかける
- 通し口

→ p.70 に続く

6 袖下から脇を縫います

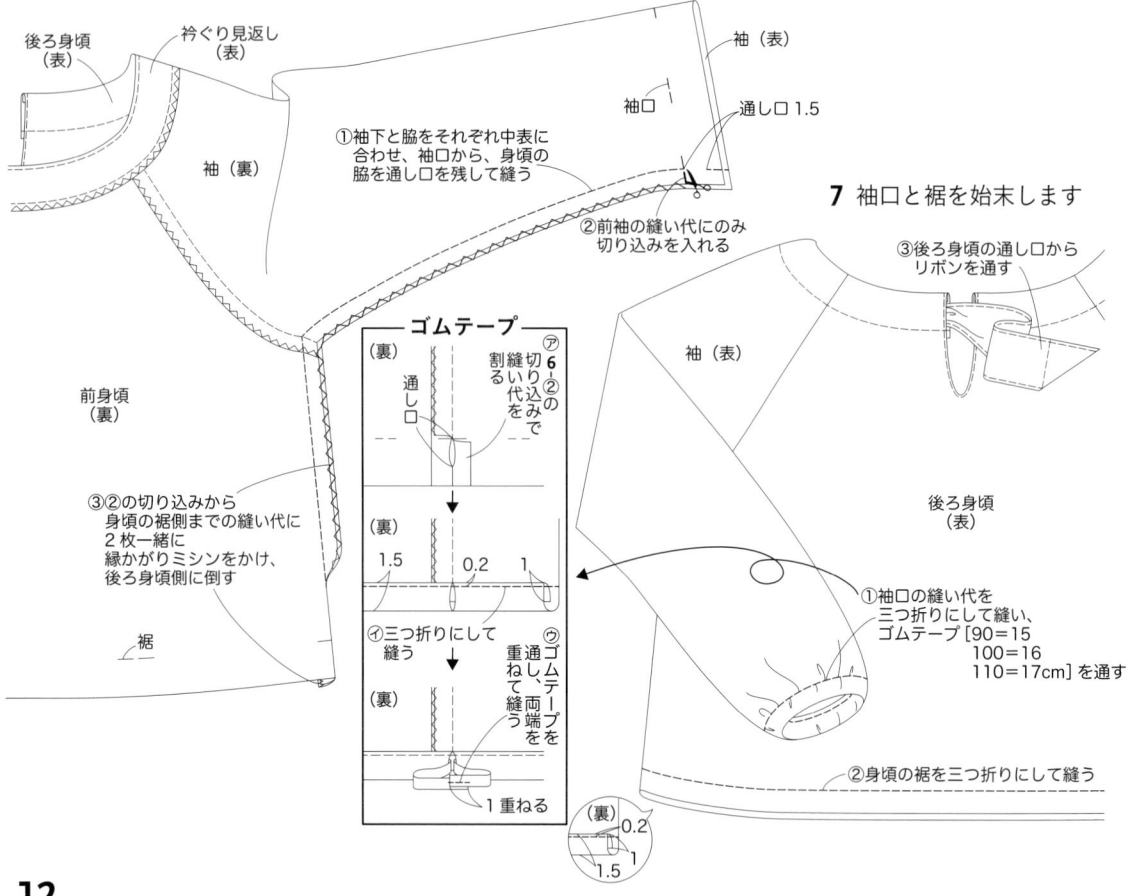

- 後ろ身頃（表）
- 衿ぐり見返し（表）
- 袖（表）
- 袖（裏）
- 通し口 1.5
- ①袖下と脇をそれぞれ中表に合わせ、袖口から、身頃の脇を通し口を残して縫う
- ②前袖の縫い代にのみ切り込みを入れる
- 前身頃（裏）
- ③②の切り込みから身頃の裾側までの縫い代に2枚一緒に縁かがりミシンをかけ、後ろ身頃側に倒す
- 裾

ゴムテープ
- ⑦6-②の切り込みで縫い代を割る
- 通し口
- （裏）
- 1.5　0.2　1
- ④三つ折りにして縫う
- （裏）
- ⑨ゴムテープを通し、両端を重ねて縫う
- 1 重ねる
- （裏）0.2 / 1.5

7 袖口と裾を始末します

- ③後ろ身頃の通し口からリボンを通す
- 袖（表）
- 後ろ身頃（表）
- ①袖口の縫い代を三つ折りにして縫い、ゴムテープ [90＝15 / 100＝16 / 110＝17cm] を通す
- ②身頃の裾を三つ折りにして縫う

12
ショートパンツ　子ども
photo P.22

実物大型紙は **A** 面

出来上がり寸法
＊左から90／100／110サイズ
ウエスト◉92／96／100cm
　　　　　（ゴムテープを入れてない状態）

裁ち合わせ図
縫い代は指定以外1cmつける
＊型紙は前パンツと後ろパンツ共通

- 105cm幅
- 2.5 / 2.5
- 後ろパンツ（1枚）／前パンツ（1枚）
- 30
- 1 / 0.5 / 0.5 / 1
- わ / わ

材料
＊左から90／100／110サイズ
パンツ◉C&Sオリジナル
　　　　ハーフリネンストライプ 105cm幅×30／30／60cm
杉綾テープ◉1.2cm幅×100／104／108cm
ゴムテープ◉0.9cm幅×47／51／55cm　＊ゴムテープの長さは目安

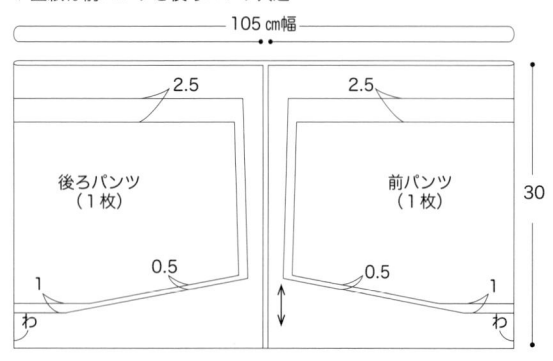

作り方順序

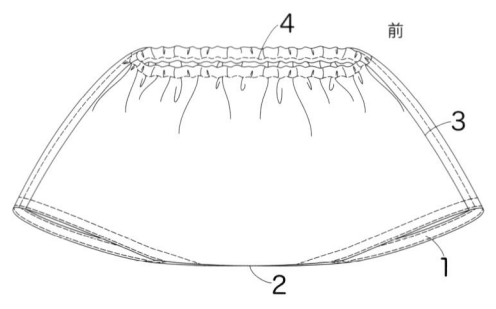

4 / 前 / 3 / 2 / 1

70

作り方

1 下準備をして、杉綾テープをつけます

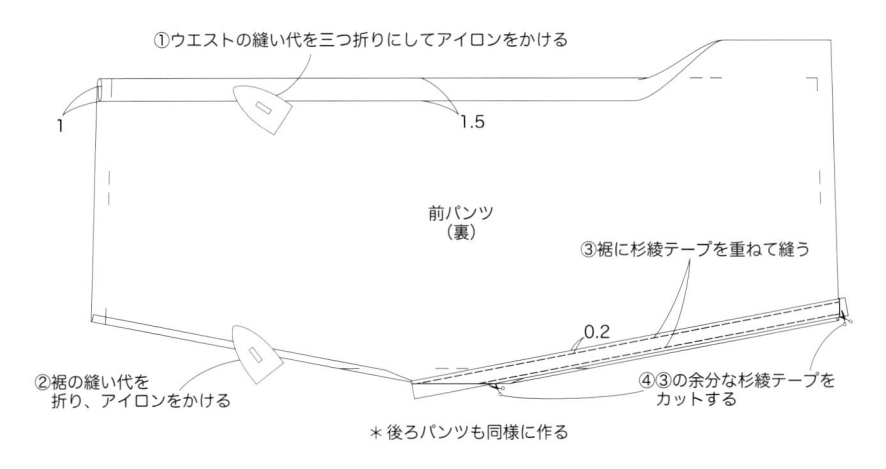

①ウエストの縫い代を三つ折りにしてアイロンをかける
1
1.5
前パンツ（裏）
③裾に杉綾テープを重ねて縫う
0.2
④③の余分な杉綾テープをカットする
②裾の縫い代を折り、アイロンをかける
＊後ろパンツも同様に作る

2 股下を縫います

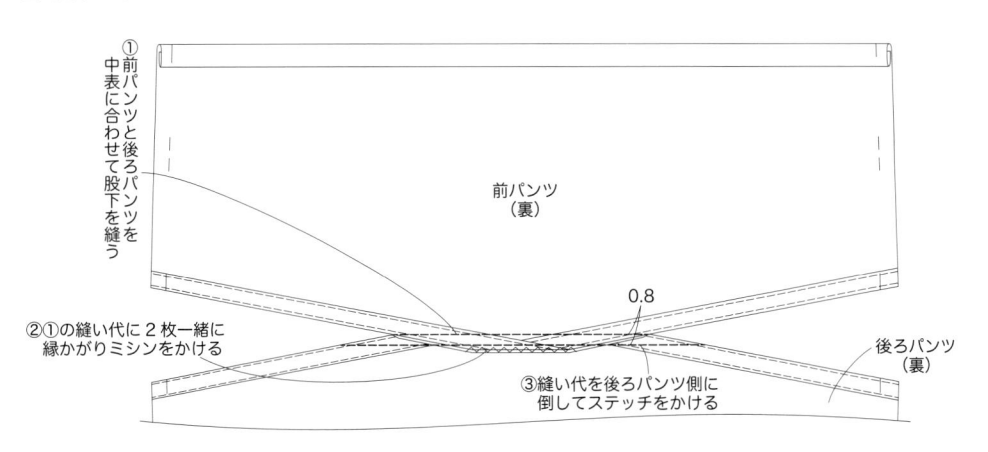

①前パンツと後ろパンツを中表に合わせて股下を縫う
前パンツ（裏）
0.8
②①の縫い代に2枚一緒に縁かがりミシンをかける
後ろパンツ（裏）
③縫い代を後ろパンツ側に倒してステッチをかける

3 両脇を縫い合わせます

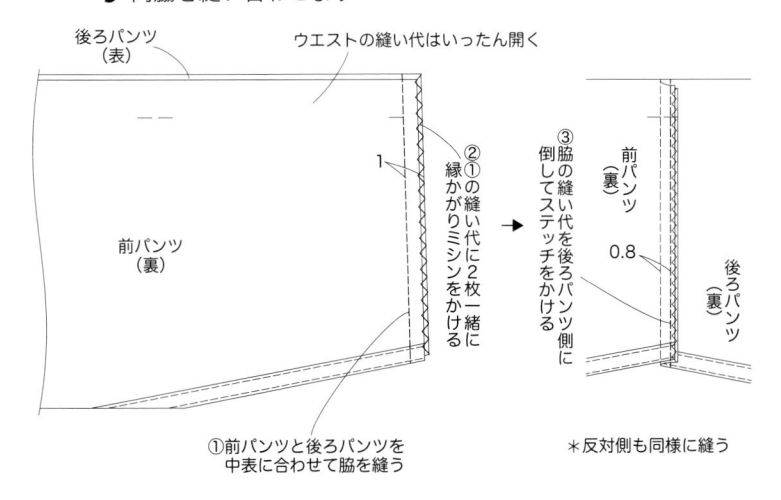

後ろパンツ（表）
ウエストの縫い代はいったん開く
1
②①の縫い代に2枚一緒に縁かがりミシンをかける
前パンツ（裏）
③脇の縫い代を後ろパンツ側に倒してステッチをかける
前パンツ（裏）
0.8
後ろパンツ（裏）
①前パンツと後ろパンツを中表に合わせて脇を縫う
＊反対側も同様に縫う

4 ウエストの始末をします

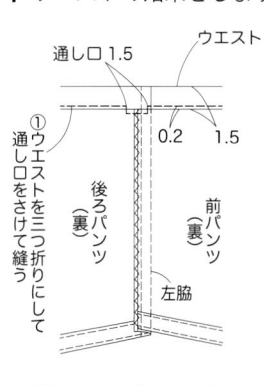

通し口 1.5
ウエスト
0.2　1.5
①ウエストを三つ折りにして通し口をさけて縫う
後ろパンツ（裏）
前パンツ（裏）
左脇
②通し口からゴムテープを通し、両端を重ねて縫う
＊P.70 スモックのゴムテープ参照

13
ふんわりミニバッグ
photo P.28

出来上がり寸法
縦20.5cm×横28cm

材料
（オレンジ）
　表袋布、持ち手●
　　力織機で織ったコットン（オレンジ）65cm×50cm
　裏袋布●シーチング 35cm×50cm
　キルト芯●35cm×50cm

（ホワイト）
　表袋布、持ち手●
　　力織機で織ったコットン（ホワイト）65cm×50cm
　裏袋布●シーチング 35cm×50cm
　キルト芯●35cm×50cm

寸法図
縫い代込み

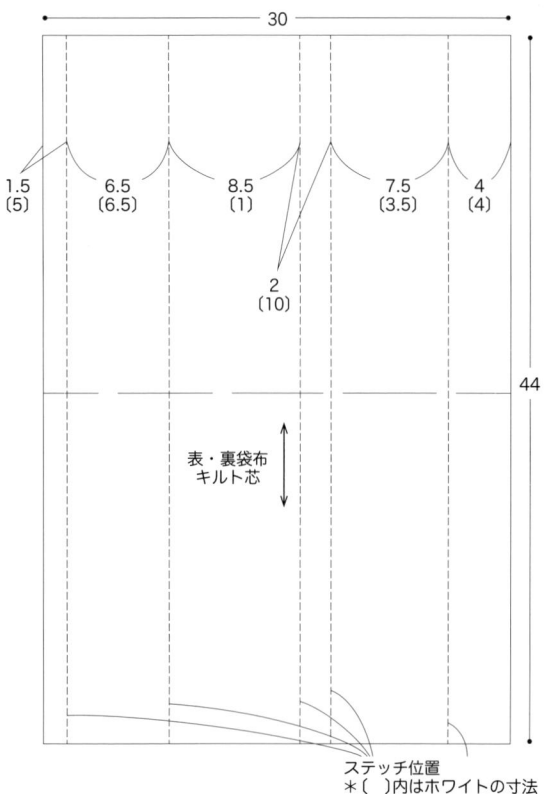

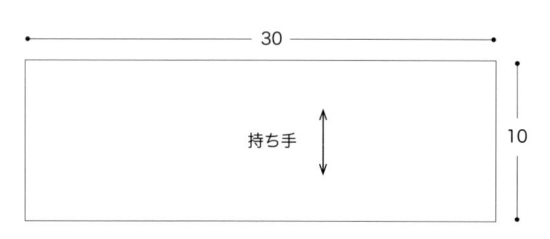

*（ ）内はホワイトの寸法

裁ち合わせ図
全て裁ち切り

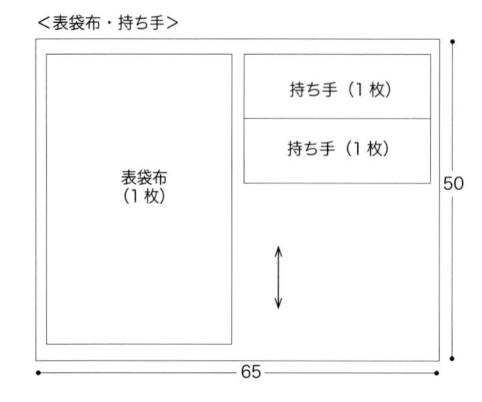

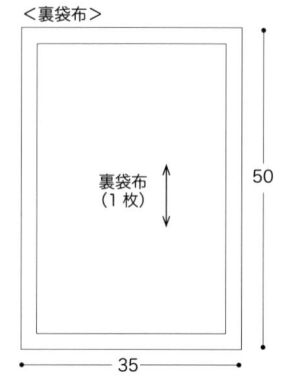

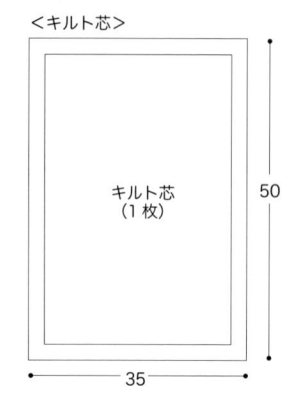

作り方
1 持ち手を作ります

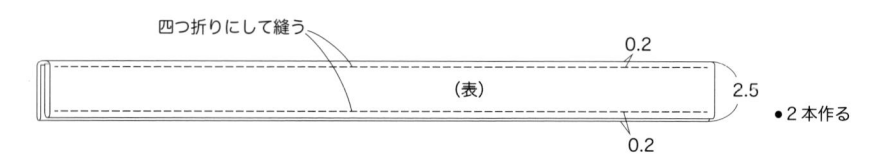

四つ折りにして縫う
●2本作る

2 表袋を作ります

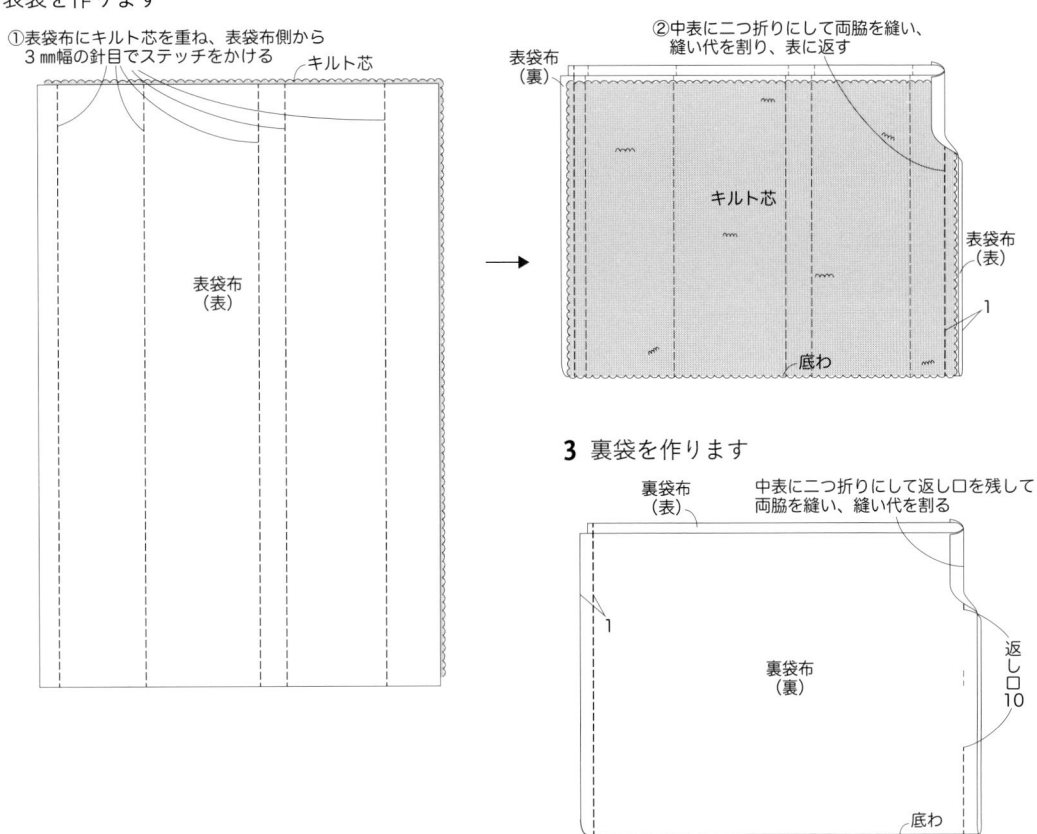

①表袋布にキルト芯を重ね、表袋布側から
3mm幅の針目でステッチをかける

キルト芯

表袋布
（表）

②中表に二つ折りにして両脇を縫い、
縫い代を割り、表に返す

表袋布（裏）

キルト芯

表袋布（表）

1

底わ

3 裏袋を作ります

裏袋布（表）

中表に二つ折りにして返し口を残して
両脇を縫い、縫い代を割る

1

裏袋布（裏）

返し口
10

底わ

4 まとめます

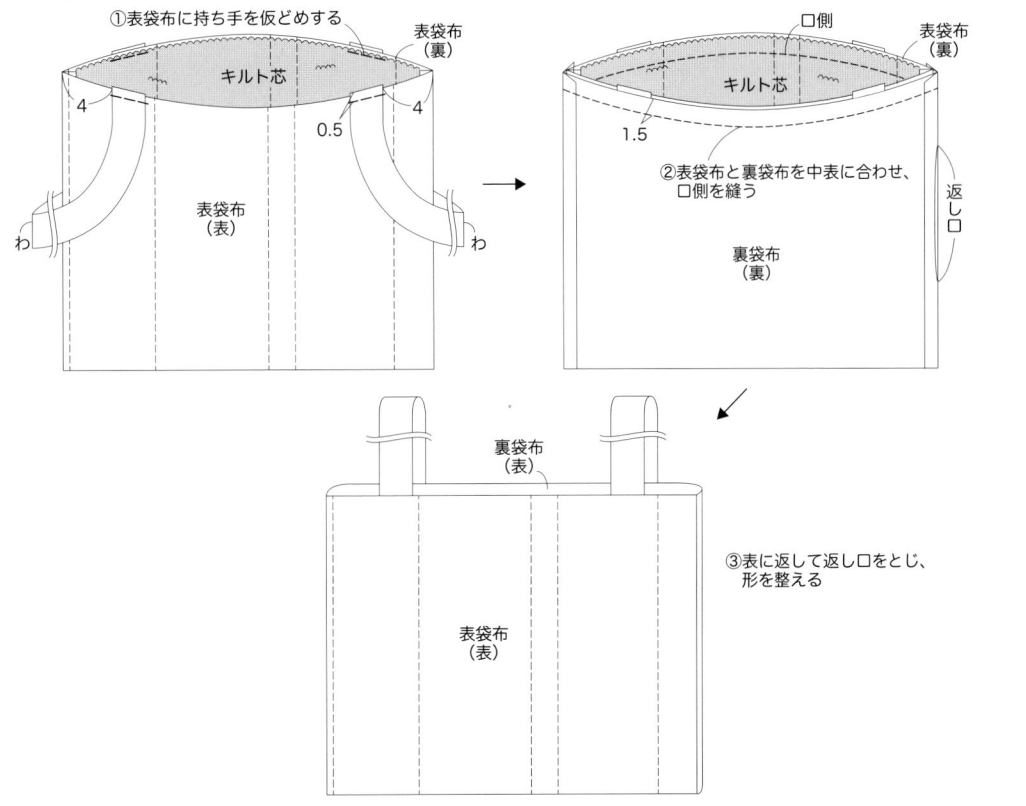

①表袋布に持ち手を仮どめする

表袋布（裏）

キルト芯

4　　4
　0.5

表袋布（表）

わ　　　　わ

口側

表袋布（裏）

キルト芯

1.5

②表袋布と裏袋布を中表に合わせ、
口側を縫う

裏袋布（裏）

返し口

裏袋布（表）

表袋布（表）

③表に返して返し口をとじ、
形を整える

15
リボンバッグ
photo P.31

材料
表袋布 ● C&S オリジナル
　　　コットンパピエギンガムチェック(ピンク)
　　　105cm幅×80cm

出来上がり寸法
縦32cm×横38cm、まち14cm

寸法図
縫い代込み

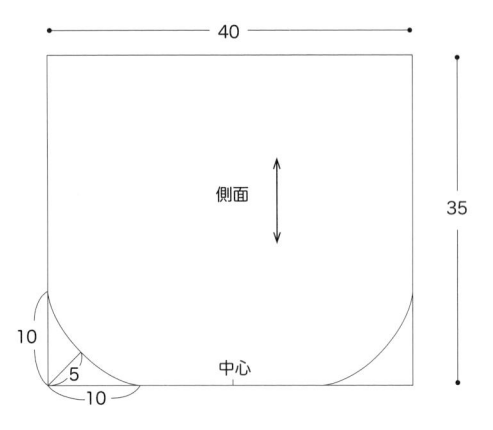

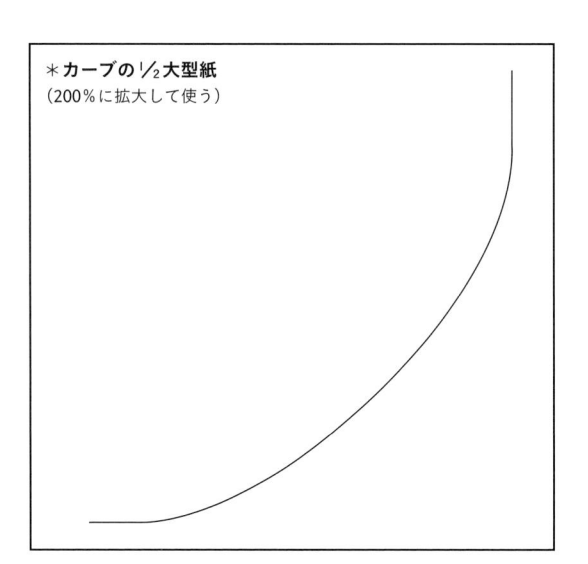

* **カーブの1/2大型紙**
（200%に拡大して使う）

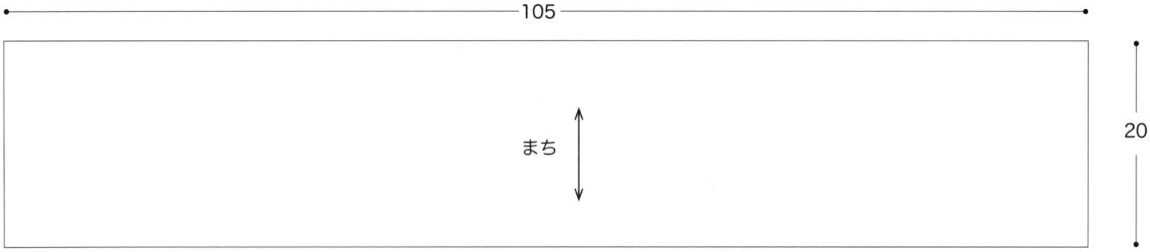

側面
中心
40
35
10
5
10

まち
105
20

裁ち合わせ図
全て裁ち切り

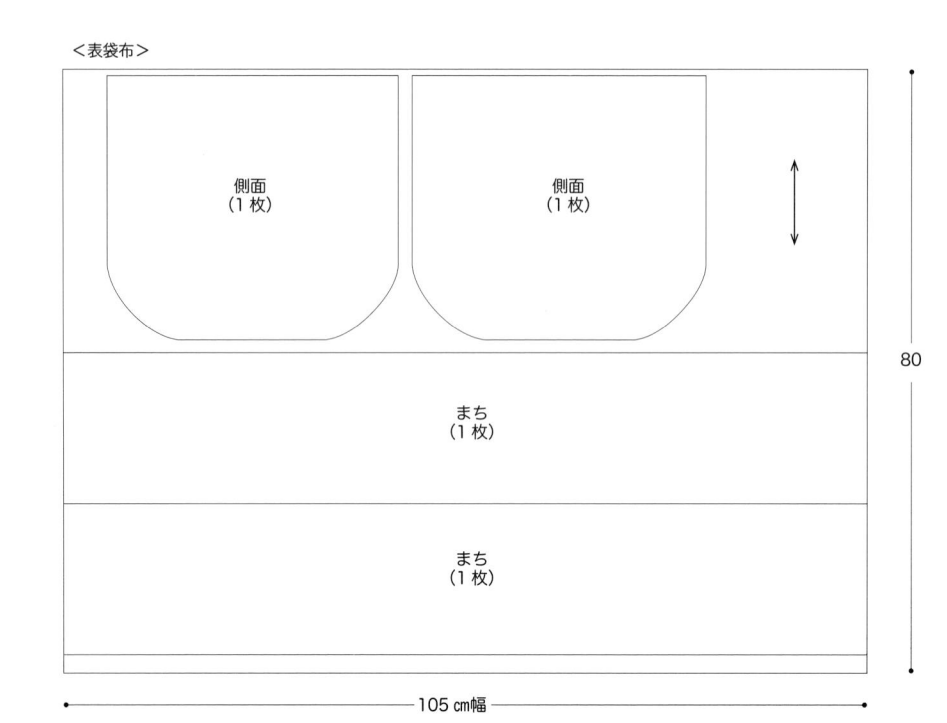

<表袋布>

側面
(1枚)

側面
(1枚)

まち
(1枚)

まち
(1枚)

80

105 cm幅

作り方

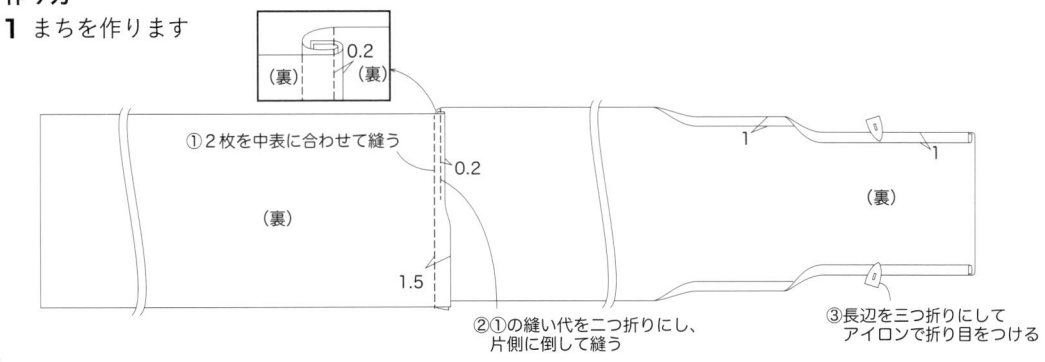

1 まちを作ります

①2枚を中表に合わせて縫う
0.2
(裏)
1.5
②①の縫い代を二つ折りにし、片側に倒して縫う
③長辺を三つ折りにしてアイロンで折り目をつける

2 側面を作ります

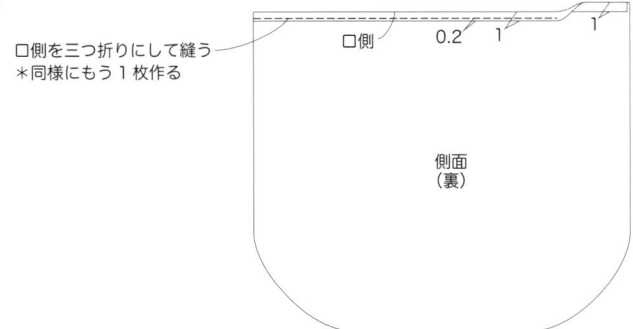

口側を三つ折りにして縫う
＊同様にもう1枚作る
口側
側面(裏)

3 まとめます

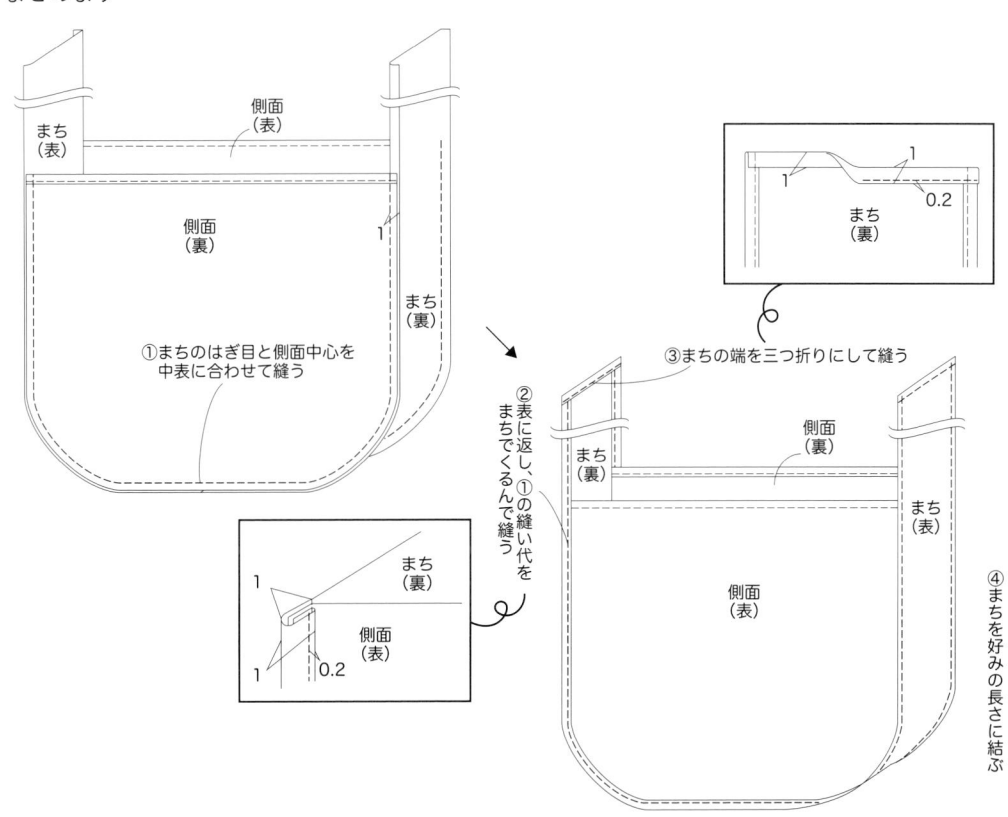

まち(表)
側面(表)
側面(裏)
まち(裏)
①まちのはぎ目と側面中心を中表に合わせて縫う
②表に返し、①の縫い代をまちでくるんで縫う
まち(裏)
側面(表)
③まちの端を三つ折りにして縫う
まち(裏)
側面(裏)
側面(表)
まち(表)
④まちを好みの長さに結ぶ

16 パンの袋
photo P.34

材料
表袋布、持ち手裏打ち布、持ち手裏布 ●
C&Sオリジナルロンドンのアンティーククロス風リネン（白に赤）
55cm幅×85cm
持ち手表布、パイピング布 ●
C&Sオリジナルやさしいリネン（赤）45cm×45cm

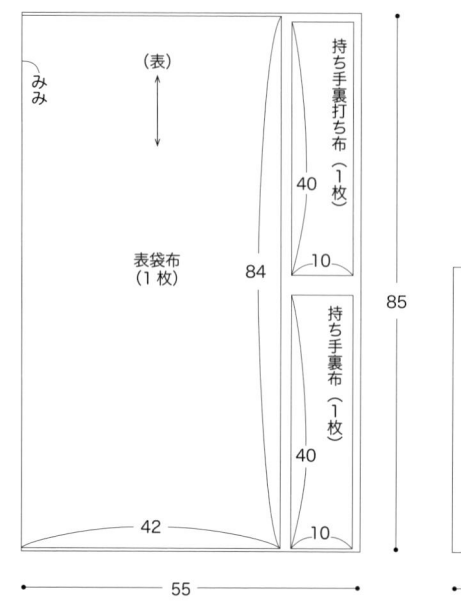

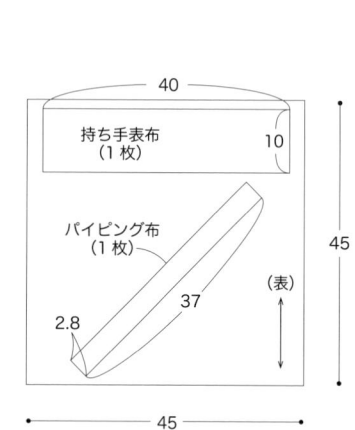

出来上がり寸法
縦20.5×横28.5cm、まち幅12cm

裁ち合わせ図
＊裁ち合わせ図に示した寸法で裁つ
全て裁ち切り（縫い代込み）

作り方
1 持ち手を作ります
①表布と裏布を中表に合わせ、裏打ち布を重ねて両脇を縫う
②表に返して、ステッチをかける

パイピングの仕方
㋐パイピング布を重ね、縫う
㋑パイピング布を㋐の縫い目で折り、底側を折る
㋒縫い代をくるんでまつる
0.7折る

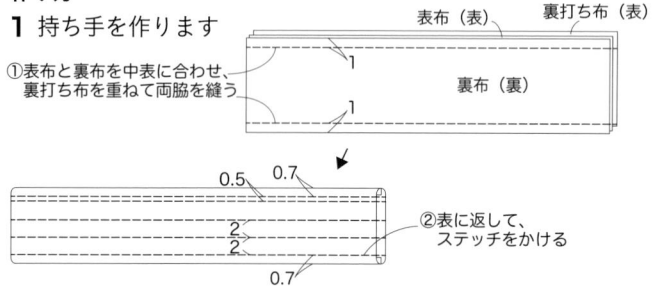

2 袋を作ります
①中表に二つ折りにして底を図のように折り、両脇を縫う
②みみ側ではない方の縫い代をパイピングする
③表に返して形を整えておく

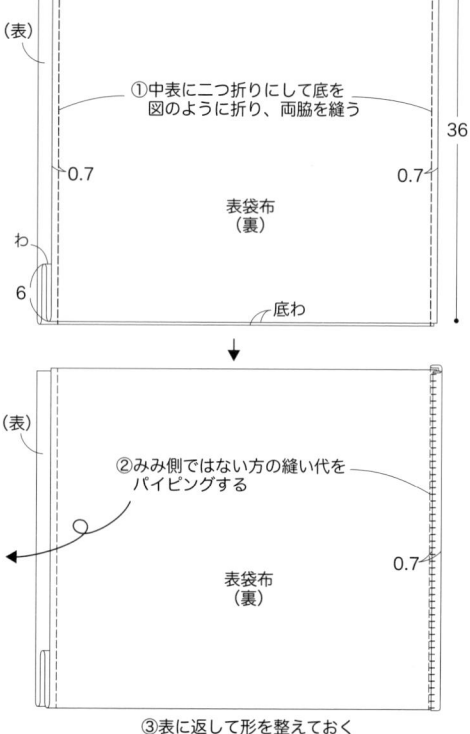

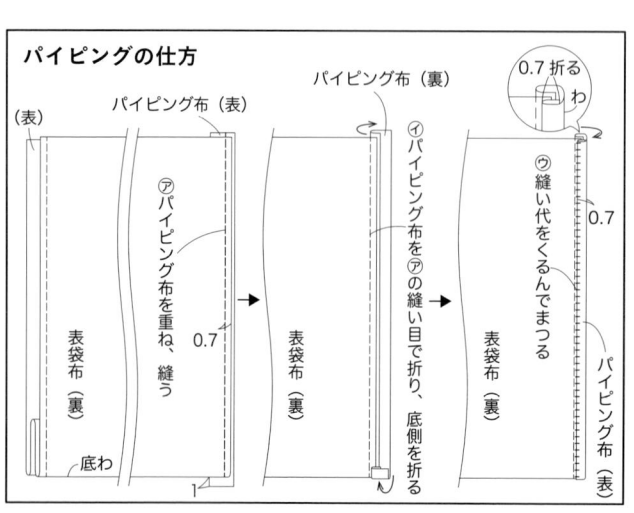

3 まとめます

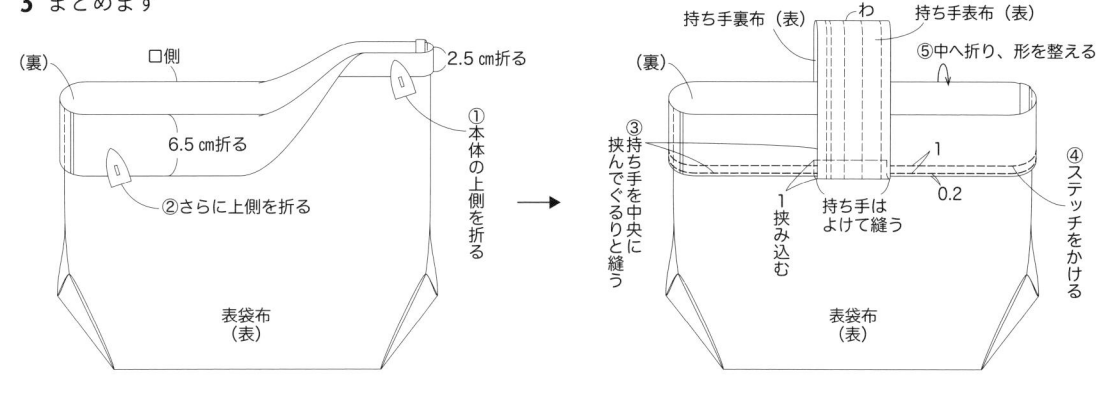

①本体の上側を折る
口側 2.5cm折る
6.5cm折る
②さらに上側を折る
表袋布（表）
（裏）

持ち手裏布（表）　わ　持ち手表布（表）
⑤中へ折り、形を整える
③持ち手を中央に挟んでぐるりと縫う
1挟み込む
持ち手はよけて縫う
1
0.2
④ステッチをかける
表袋布（表）
（裏）

25
がま口ポーチ
photo P.49

実物大型紙は **A** 面

出来上がり寸法
縦13.5cm×横16cm

裁ち合わせ図
全て裁ち切り（縫い代込み）

＜表袋、裏袋、キルト芯＞

袋布（1枚）
袋布（1枚）
40
30

材料
表袋布 ● C&S オリジナルサマーストライプ　30cm×40cm
裏袋布 ● C&S オリジナルコットントゥジュー（ネイビー）　30cm×40cm
接着キルト芯 ● 30cm×40cm
口金 ● 12cm幅×高さ6cm
紙ひも ● 40cm

作り方
1 表袋の裏に接着キルト芯を貼ります

縫い代部分のキルト芯はあとで縫い目の際をカットするのでアイロンをかけないようにする

接着キルト芯
表袋（裏）
＊同様にもう1枚作る

2 表袋と裏袋を作ります

みみまち　みみまち
縫い止まり
ミシン
1
裏袋（裏）
表袋布と裏袋布をそれぞれ中表に合わせて縫う
みみにボンドをつけ、折りとめる
みみまち　接着キルト芯　みみまち
表袋（表）
①縫い止まりまでミシン
0.7
②縫い目のすぐ際で接着キルト芯をカットする
＊反対側も同様にカット

3 表袋に裏袋を入れます

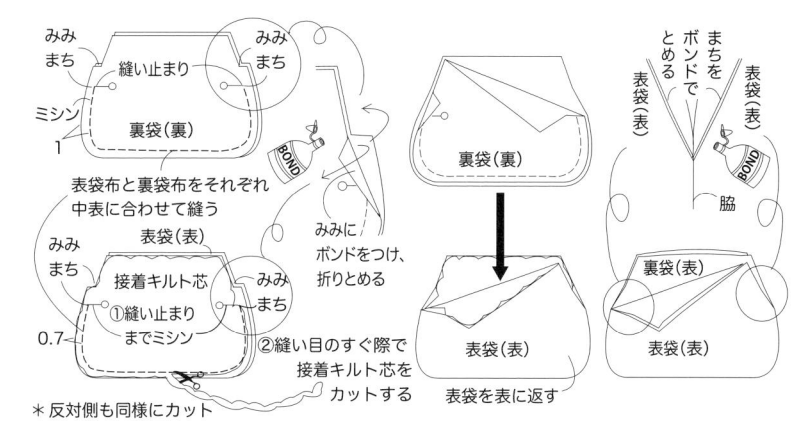

裏袋（裏）
まちをボンドでとめる
表袋（表）
脇
裏袋（表）　表袋（表）
表袋を表に返す

4 表袋と裏袋の口側を縫います

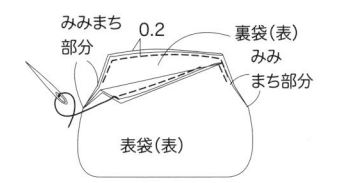

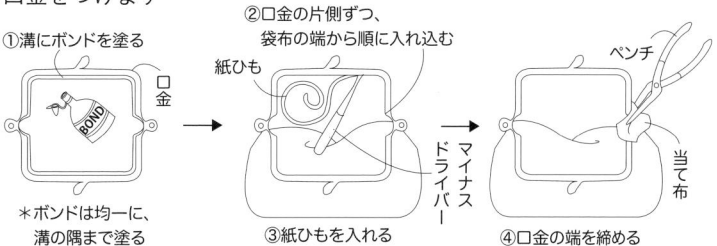

みみまち部分　0.2　裏袋（表）　みみまち部分
表袋（表）

5 口金をつけます

①溝にボンドを塗る
紙ひも　口金
②口金の片側ずつ、袋布の端から順に入れ込む
マイナスドライバー
ペンチ
当て布
③紙ひもを入れる
④口金の端を締める
＊ボンドは均一に、溝の隅まで塗る

17
ひもとじ袋
photo P.35

出来上がり寸法（開いた状態）
縦27cm×横21cm

材料
表袋布A ● くったりハーフリネンベージュ 20cm×25cm
表袋布B ● リネン ベージュ 20cm×30cm
表袋布C ● リネンツイル ベージュ 50cm×55cm
裏袋布 ● C&Sオリジナルやさしいリネン 赤50cm×35cm
25番刺しゅう糸 ● 赤 適宜
貝ボタン ● 直径2.5cm×1個

裁ち合わせ図
全て裁ち切り(縫い代込み)

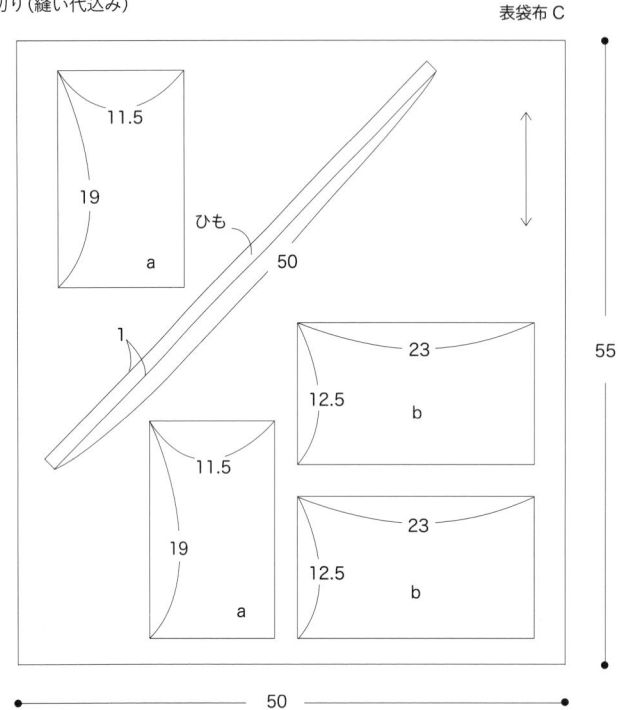

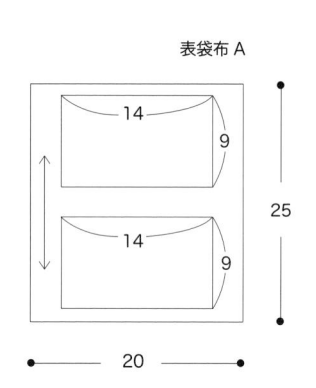

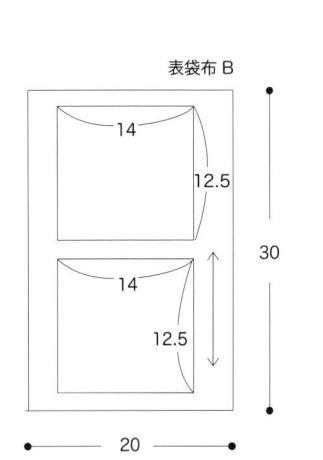

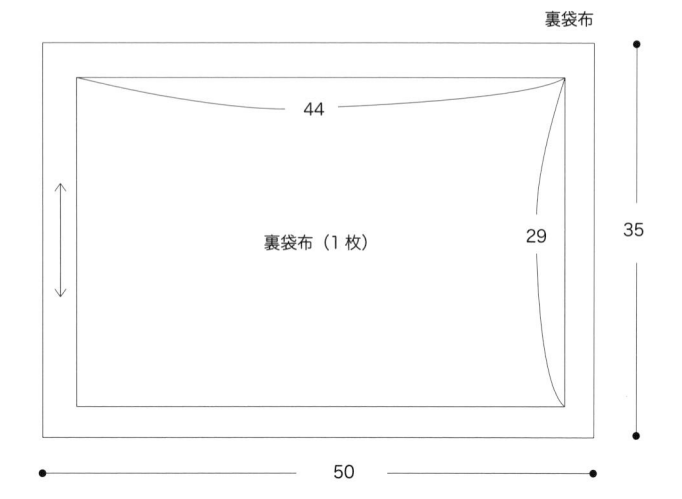

表袋布C
11.5
19
a
ひも
50
1
23
12.5
b
11.5
19
a
23
12.5
b
55
50

表袋布A
14
9
14
9
25
20

表袋布B
14
12.5
14
12.5
30
20

裏袋布
44
裏袋布（1枚）
29
35
50

作り方

1 表袋布を裁ち、順番に縫い合わせます

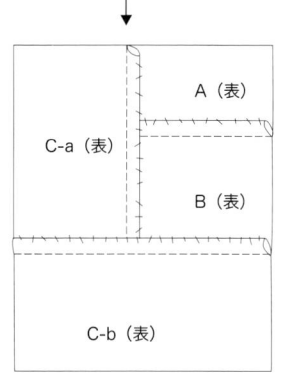

- A
- C-a 縫い代1.5
- B 1.5
- C-b 1.5

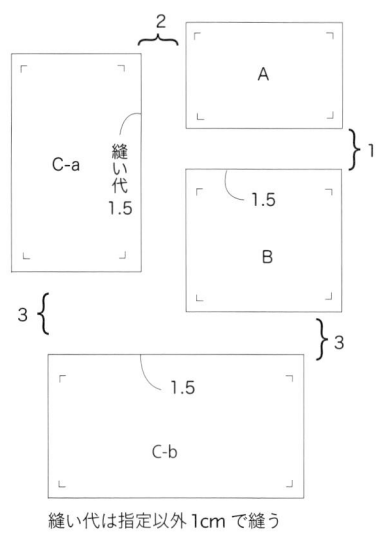

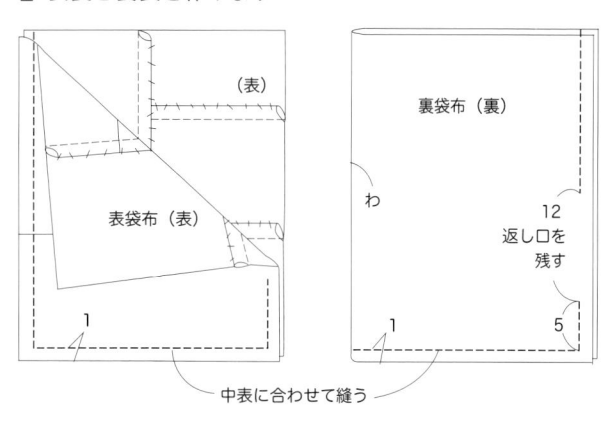

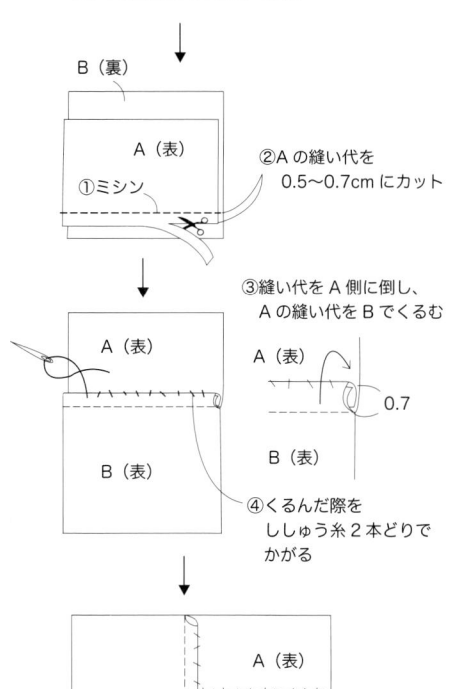

縫い代は指定以外1cmで縫う

①ミシン
②Aの縫い代を0.5〜0.7cmにカット
③縫い代をA側に倒し、Aの縫い代をBでくるむ
④くるんだ際をししゅう糸2本どりでかがる

* 同様にもう1枚作る

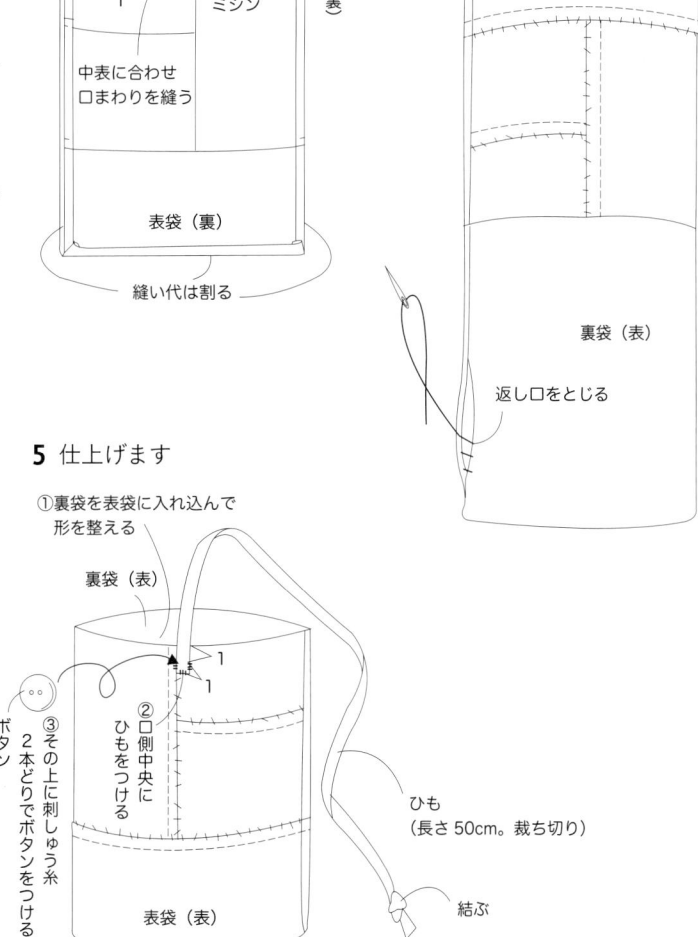

2 表袋と裏袋を作ります

表袋布（表）
裏袋布（裏）
わ
12 返し口を残す
中表に合わせて縫う

3 表袋と裏袋をまとめます

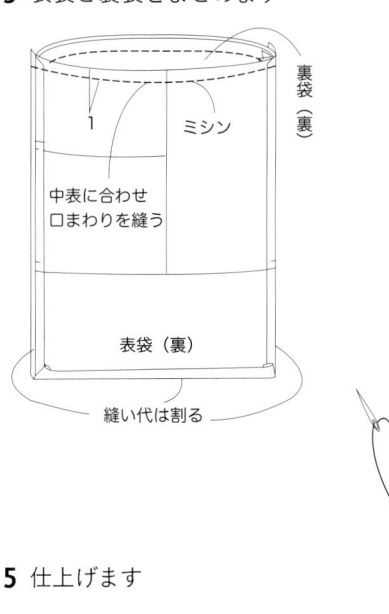

裏袋（裏）
ミシン
中表に合わせ口まわりを縫う
表袋（裏）
縫い代は割る

4 返し口から表に返します

表袋（表）
裏袋（表）
返し口をとじる

5 仕上げます

①裏袋を表袋に入れ込んで形を整える
裏袋（表）
②口側中央にひもをつける
③その上に刺しゅう糸2本どりでボタンをつける
ボタン
表袋（表）
ひも（長さ50cm。裁ち切り）
結ぶ

18 リバティプリントのフワフワ台形ポーチ
photo P.36

材料
パッチワーク布A◉リバティプリント 11.5cm×5.5cm 20枚
パッチワーク布B◉リバティプリント 6.5cm×5.5cm 8枚
ファスナー当て布◉リバティプリント 5.5cm×3.8cm 1枚
ファスナー端布◉リバティプリント 4.7cm×5cm 1枚
裏布◉リネン ベージュ 32cm×36cm　裏打ち布◉シーチング 36cm×40cm
キルト芯◉33cm×40cm　ファスナー◉25cm×1本
バイアステープ◉リバティプリント両折れタイプ2cm幅×60cm

出来上がり寸法
縦11cm×横25cm、まち幅10cm

裁ち合わせ図
全て裁ち切り(縫い代込み)

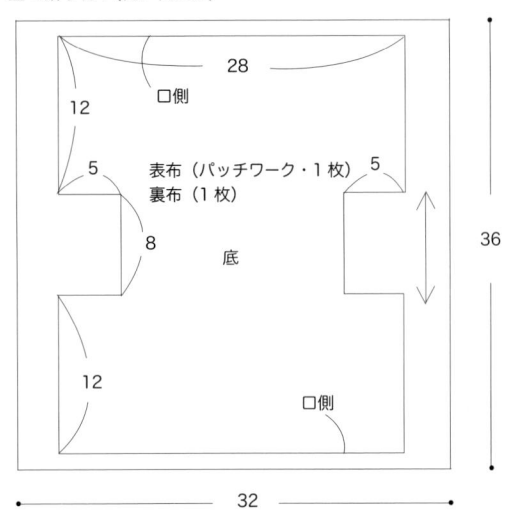

表布(パッチワーク・1枚)
裏布(1枚)
口側 28
12
5　5
8　底
36
12
口側
32

寸法図

リバティプリント パッチワーク布ピースA 20枚	パッチワーク布ピースB 8枚	ファスナー当て布 1枚	ファスナー端布 1枚
11.5 × 5.5	6.5 × 5.5	5.5 × 3.8	4.7 × 5

作り方

1 ピースを縫い合わせます

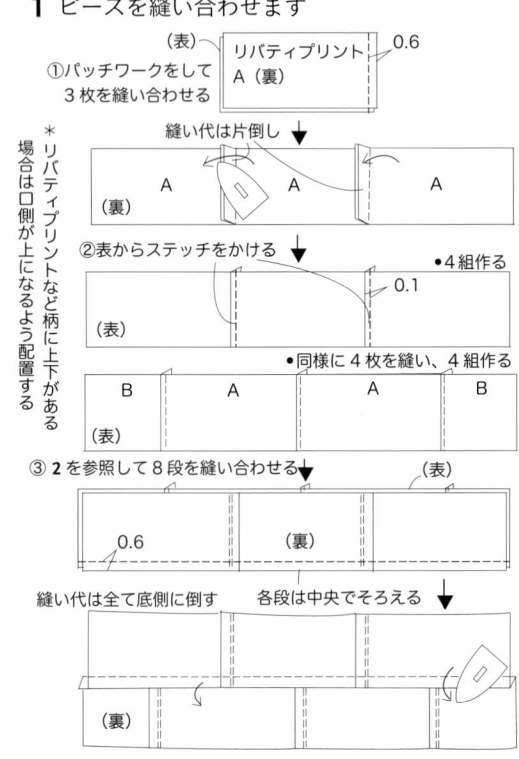

①パッチワークをして3枚を縫い合わせる
リバティプリントA(裏) 0.6
縫い代は片倒し
A A A (裏)
*リバティプリントなど柄に上下がある場合は口側が上になるよう配置する

②表からステッチをかける
(表) 0.1
●4組作る

●同様に4枚を縫い、4組作る
B A A B (表)

③2を参照して8段を縫い合わせる
0.6 (表) (裏)
縫い代は全て底側に倒す　各段は中央でそろえる

2 キルティングをします

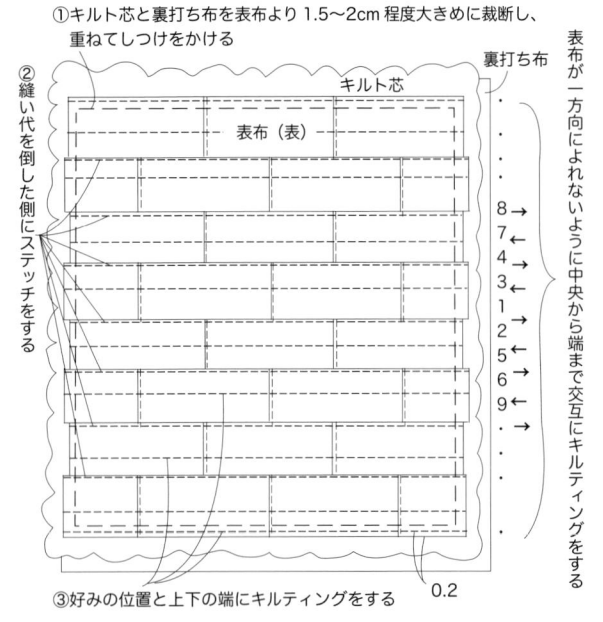

①キルト芯と裏打ち布を表布より1.5～2cm程度大きめに裁断し、重ねてしつけをかける
②縫い代を倒した側にステッチをする
裏打ち布　キルト芯　表布(表)
表布が一方向によれないように中央から端まで交互にキルティングをする
8→7←6→5←4→3←2→1←1→2←3→4←5→6←7→8
③好みの位置と上下の端にキルティングをする 0.2

3 表布を裁ちます

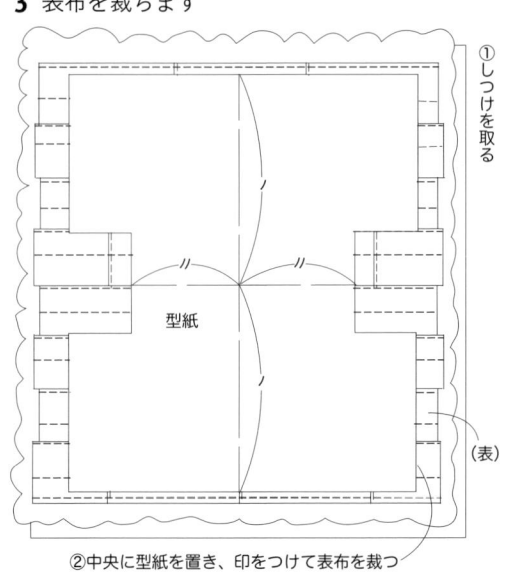

①しつけを取る
型紙 (表)
②中央に型紙を置き、印をつけて表布を裁つ

4 両脇とまちを縫い、表袋と裏袋を作ります

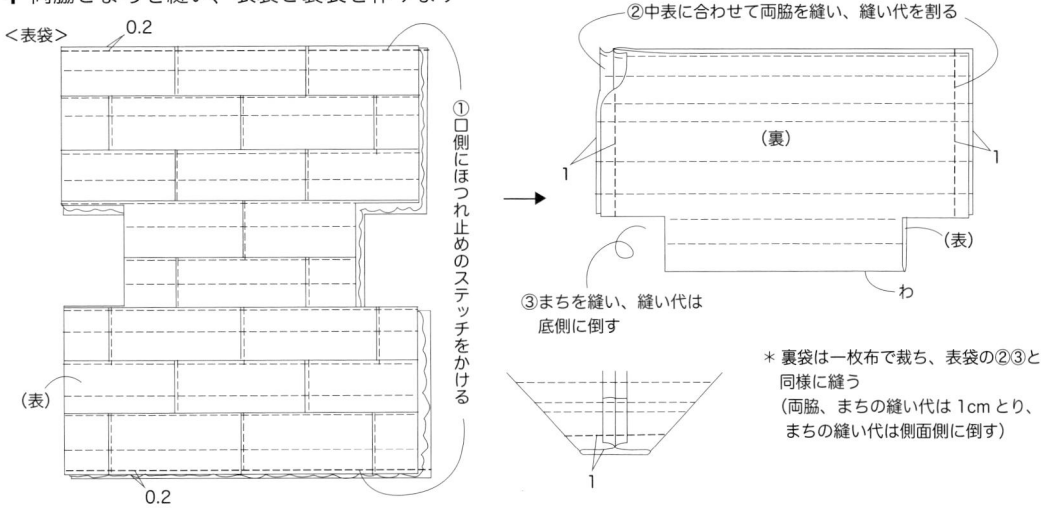

<表袋>
0.2
①口側にほつれ止めのステッチをかける
(表)
0.2

②中表に合わせて両脇を縫い、縫い代を割る
(裏)
1
(表)
わ
③まちを縫い、縫い代は底側に倒す
1

＊裏袋は一枚布で裁ち、表袋の②③と同様に縫う
（両脇、まちの縫い代は1cmとり、まちの縫い代は側面側に倒す）

5 表袋に裏袋を入れて形を整えます

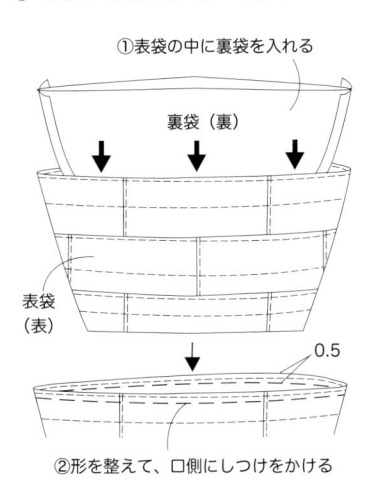

①表袋の中に裏袋を入れる
裏袋（裏）
表袋（表）
0.5
②形を整えて、口側にしつけをかける

6 バイアステープで口側を始末します

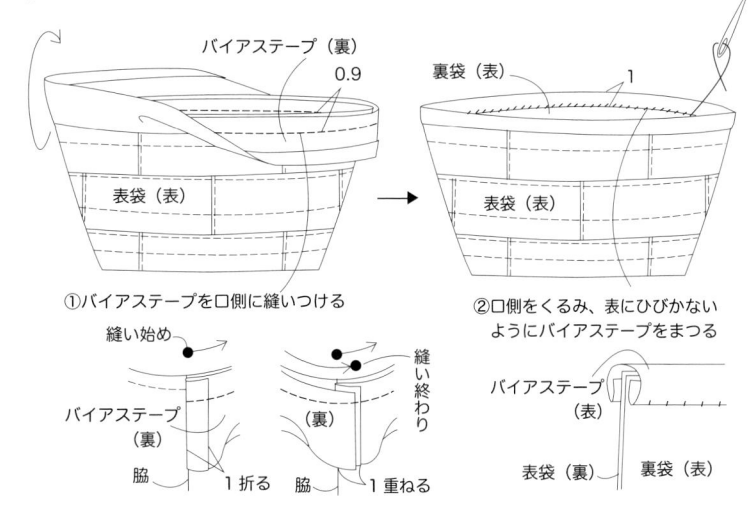

バイアステープ（裏）
0.9
表袋（表）
①バイアステープを口側に縫いつける
縫い始め　縫い終わり
バイアステープ（裏）　（裏）
脇　1 折る　脇　1 重ねる

裏袋（表）
1
表袋（表）
②口側をくるみ、表にひびかないようにバイアステープをまつる
バイアステープ（表）
表袋（裏）　裏袋（表）

7 ファスナーをつけます

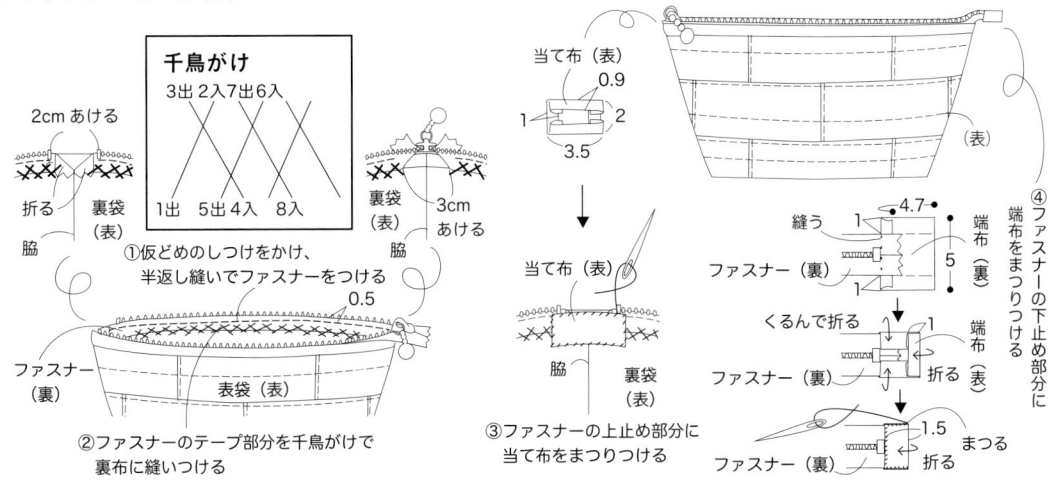

千鳥がけ
3出 2入 7出 6入
1出 5出 4入 8入

2cmあける
折る　裏袋（表）
脇

裏袋（表）
3cmあける
脇

①仮どめのしつけをかけ、半返し縫いでファスナーをつける
0.5
ファスナー（裏）　表袋（表）

②ファスナーのテープ部分を千鳥がけで裏布に縫いつける

当て布（表）
0.9
1　2
3.5

当て布（表）
縫う
ファスナー（裏）
脇　裏袋（表）
③ファスナーの上止め部分に当て布をまつりつける

1　4.7
縫う
ファスナー（裏）　端布（裏）
5
1
くるんで折る
ファスナー（裏）　端布（表）
折る

④ファスナーの下止め部分に端布をまつりつける

ファスナー（裏）　1.5
まつる
折る

81

19
リバティプリントのエトセトラケース
photo P.36

出来上がり寸法
縦16cm×横13cm

裁ち合わせ図
全て裁ち切り(縫い代込み)

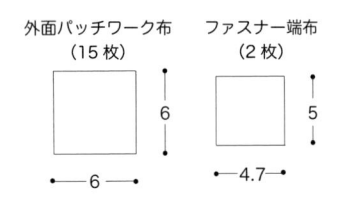

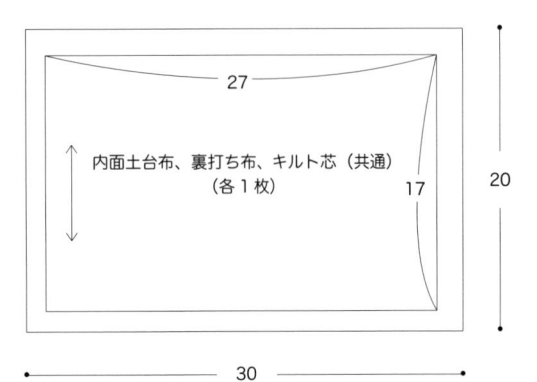

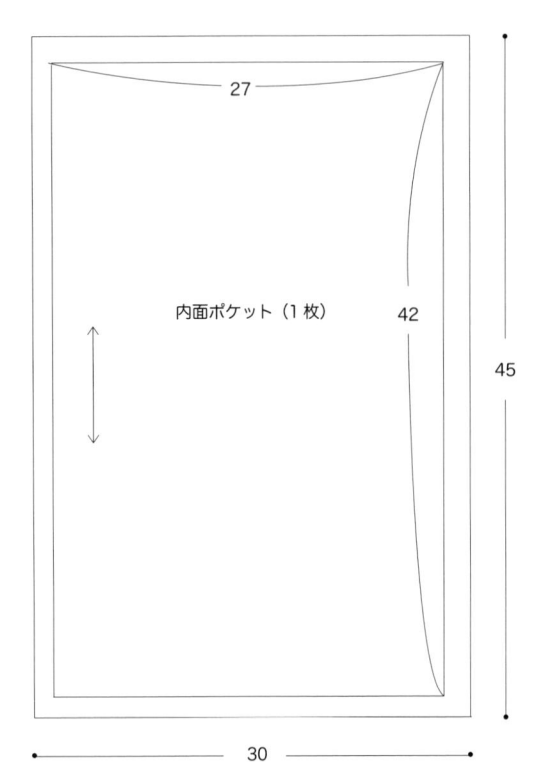

外面パッチワーク布
(15枚)
6×6

ファスナー端布
(2枚)
5×4.7

内面土台布、裏打ち布、キルト芯(共通)
(各1枚)
27 / 17 / 20 / 30

内面ポケット(1枚)
27 / 42 / 45 / 30

材料
外面パッチワーク布 ● リバティプリント 6cm×6cm 15枚
ファスナー端布 ● リバティプリント 4.7cm×5cm 2枚
内面土台布 ● リネンベージュ 30cm×20cm
内面ポケット布 ● リバティプリント 30cm×45cm
裏打ち布 ● シーチング 30cm×20cm
キルト芯(薄手) ● 30cm×20cm
両開きファスナー ● 40cm×1本

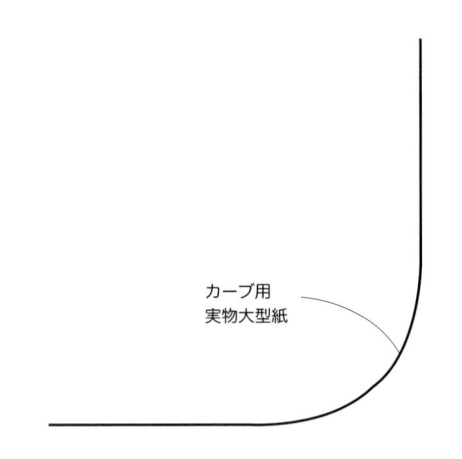

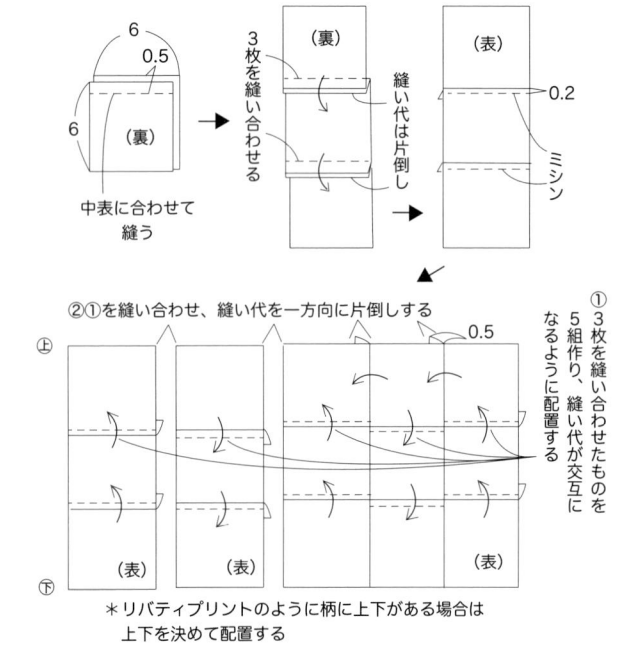

カーブ用
実物大型紙

作り方
1 パッチワークをします

6 / 0.5 / 6 / (裏)
中表に合わせて縫う

(裏) 3枚を縫い合わせる 縫い代は片倒し

(表) 0.2 ミシン

②①を縫い合わせ、縫い代を一方向に片倒しする
0.5
上
下
(表) (表) (表)

① 3枚を縫い合わせたものを5組作り、縫い代が交互になるように配置する

＊リバティプリントのように柄に上下がある場合は
上下を決めて配置する

2 外面・内面をそれぞれ作ります

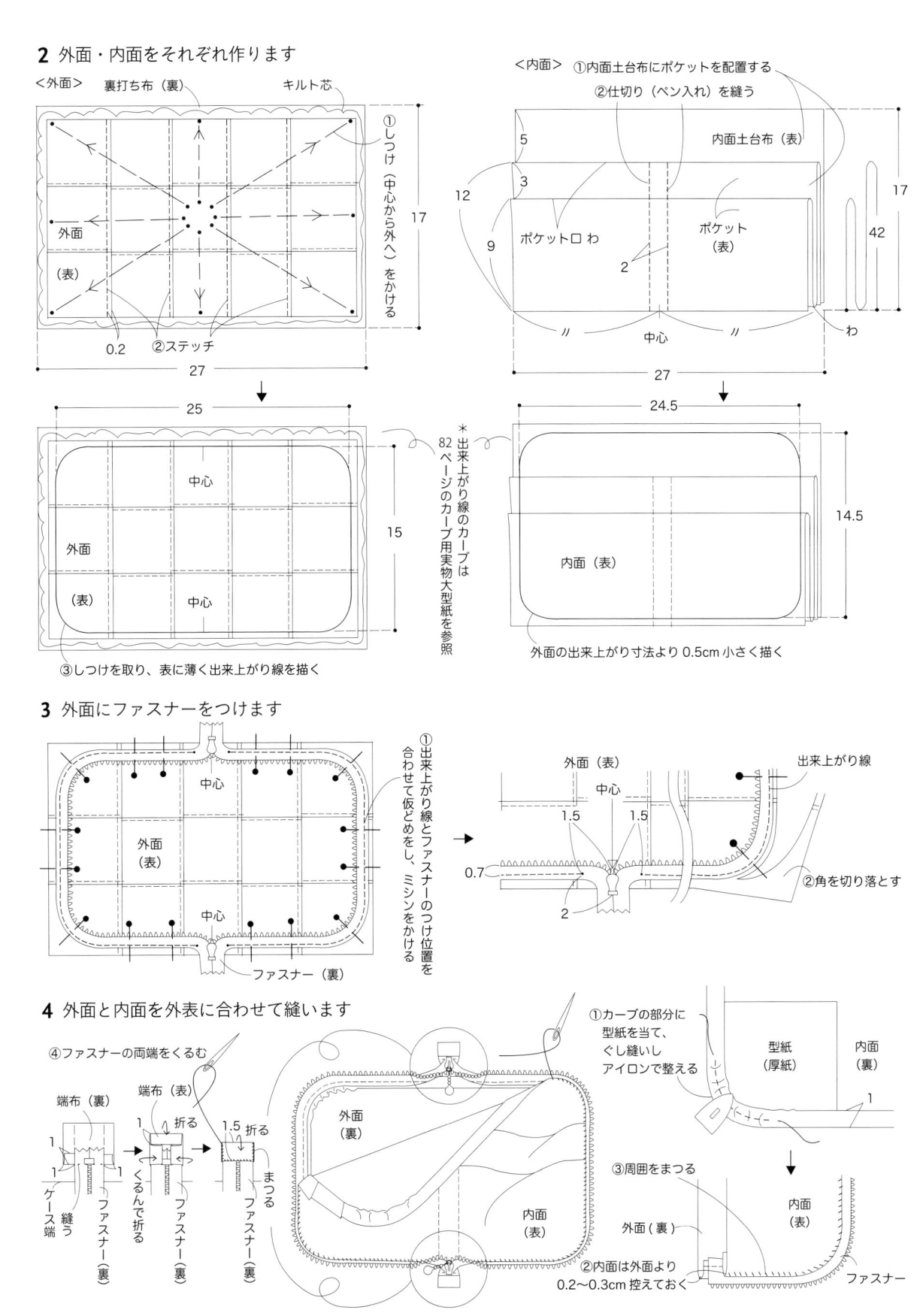

<外面>
- 裏打ち布（裏）
- キルト芯
- 外面（表）
- ①しつけ（中心から外へ）をかける
- ②ステッチ
- 0.2
- 17
- 27

- 25
- 外面（表）
- 中心
- 中心
- 15
- ③しつけを取り、表に薄く出来上がり線を描く

※出来上がり線のカーブは82ページのカーブ用実物大型紙を参照

<内面>
- ①内面土台布にポケットを配置する
- ②仕切り（ペン入れ）を縫う
- 内面土台布（表）
- ポケット口 わ
- ポケット（表）
- 5
- 3
- 12
- 9
- 2
- 17
- 42
- わ
- 中心
- 27

- 24.5
- 内面（表）
- 14.5
- 外面の出来上がり寸法より0.5cm小さく描く

3 外面にファスナーをつけます

- 外面（表）
- 中心
- 外面（表）
- 中心
- 中心
- ファスナー（裏）
- ①出来上がり線とファスナーのつけ位置を合わせて仮どめをし、ミシンをかける
- 出来上がり線
- 1.5 1.5
- 0.7
- 2
- ②角を切り落とす

4 外面と内面を外表に合わせて縫います

- ④ファスナーの両端をくるむ
- 端布（裏）
- 端布（表）
- 折る
- 1.5 折る
- 1
- 1
- ケース端
- 縫う
- ファスナー（裏）
- くるんで折る
- ファスナー（裏）
- まつる
- ファスナー（裏）
- 外面（裏）

- ①カーブの部分に型紙を当て、ぐし縫いしアイロンで整える
- 型紙（厚紙）
- 内面（裏）
- 1
- ③周囲をまつる
- 内面（表）
- 外面（裏）
- ②内面は外面より0.2〜0.3cm控えておく
- ファスナー

20
帆布のお弁当トート
photo P.40

出来上がり寸法
縦16cm×横22cm、まち幅12cm

材料
(ブルー)
　本体◉C&Sオリジナル帆布（ブルー）50cm×90cm
(きなり)
　本体◉C&Sオリジナル帆布（きなり）50cm×90cm
(イエロー)
　本体◉C&Sオリジナル帆布（イエロー）50cm×90cm
(全て共通)
　バイアステープ◉縁どりタイプ0.8cm幅×80cm
　テープ◉2cm幅×80cm

裁ち合わせ図
全て裁ち切り(縫い代込み)

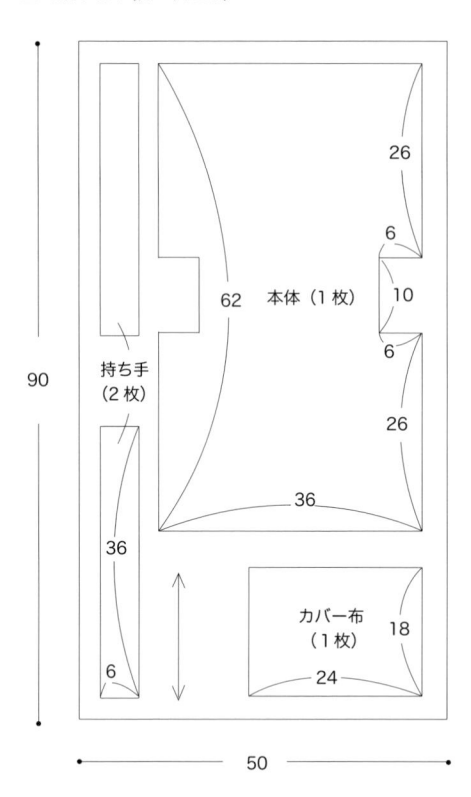

作り方
1 縫い代の始末をし、下準備をします

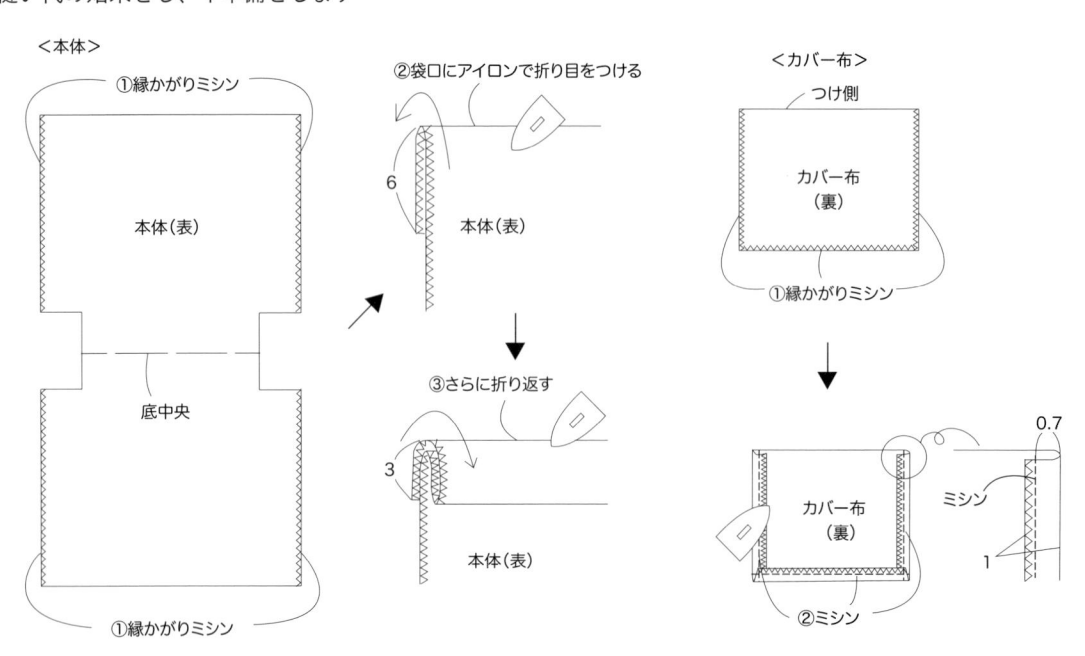

2 本体の脇を縫います

①折り目を一度、元の状態に広げる

本体（裏）

1　1

②ミシン

3 まちを縫います

まち 12

縫い代を割る

脇

①ミシン

（裏）

1

②2枚一緒に縁かがりミシン

4 持ち手を作ります

36

1.5

3　　　　　　　6

1.5

（表）

36

0.5

テープ　　ミシン　　0.1　0.5

• 2本作る

5 口側の縫い代をバイアステープでくるみます

①ミシン　0.5

バイアステープ（裏）

本体（裏）

1　　脇

1 重ねる

バイアステープ（表）

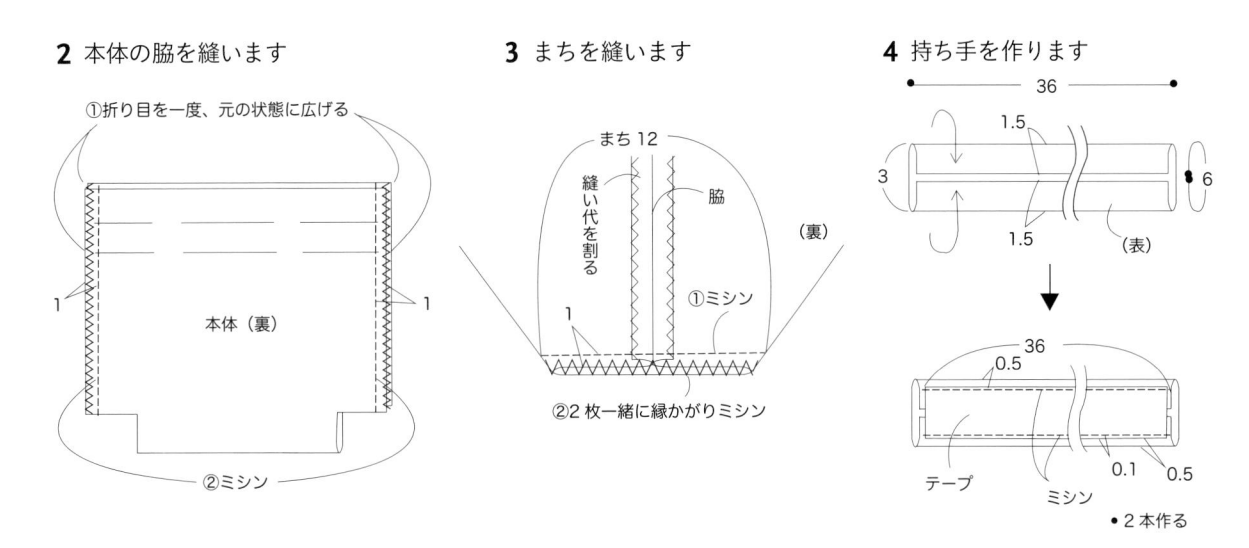

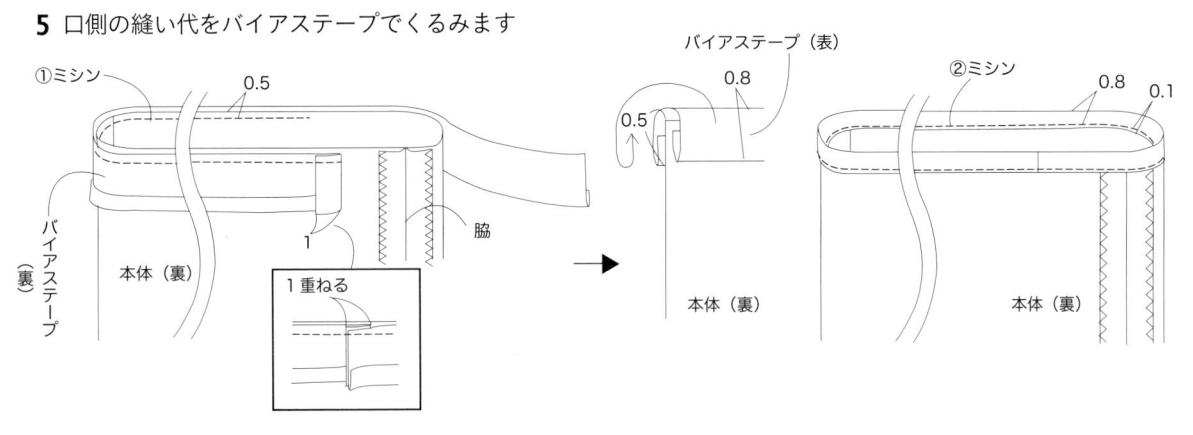

0.5　0.8

本体（裏）

②ミシン　0.8　0.1

本体（裏）

6 口側を縫います

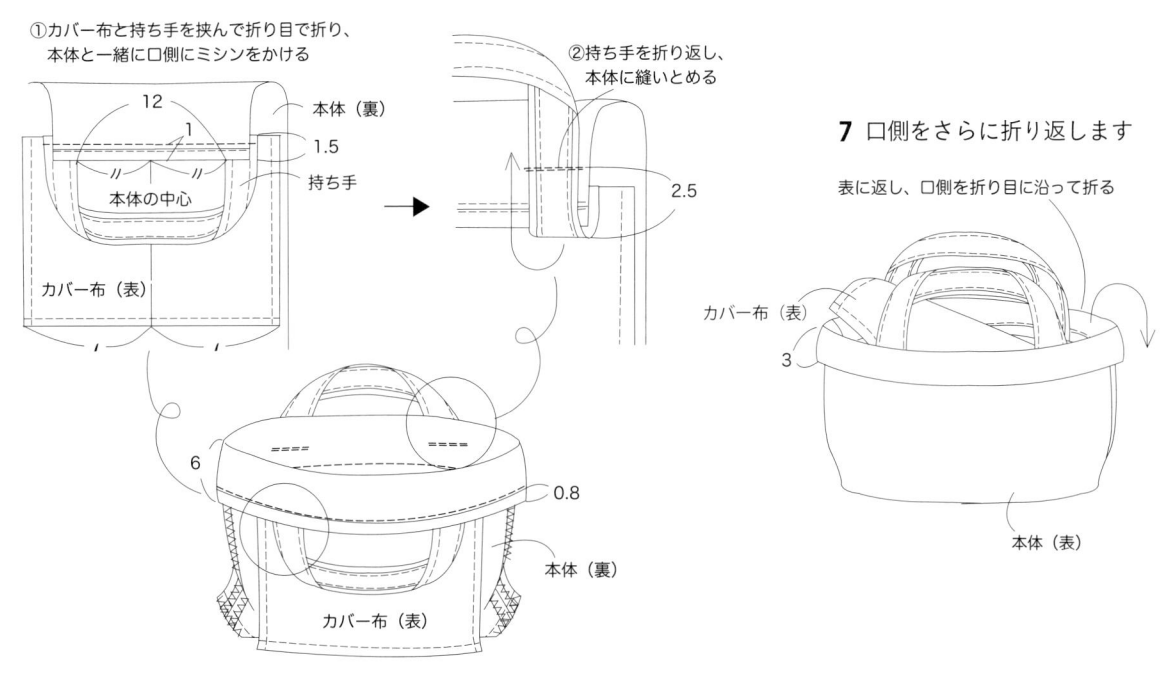

①カバー布と持ち手を挟んで折り目で折り、本体と一緒に口側にミシンをかける

本体（裏）

12　　1.5

1

本体の中心　　持ち手

カバー布（表）

②持ち手を折り返し、本体に縫いとめる

2.5

6

0.8

本体（裏）

カバー布（表）

7 口側をさらに折り返します

表に返し、口側を折り目に沿って折る

カバー布（表）

3

本体（表）

21
リバティプリントの小物入れ付きティッシュケース
photo P.42

出来上がり寸法(開いた状態)
縦12cm×横17cm

材料
(花柄)
　外面、ポケット、ループ◉リバティプリントミリー(ペールグリーン) 50cm×30cm
　内面、ティッシュケース部分◉リネン(ホワイト) 30cm×40cm
(豆電球)
　外面、ポケット、ループ◉
　　リバティプリントピーショルム・パーク(ブルー・マスタード系) 50cm×30cm
　内面、ティッシュケース部分◉C&Sオリジナルカラーリネン(カーキ) 30cm×40cm
(ベリー)
　外面、ポケット、ループ◉リバティプリントネリー(イエロー) 50cm×30cm
　内面、ティッシュケース部分◉リネン(ベージュ) 30cm×40cm
(全て共通)
　ボタン◉直径1.1cm×1個
　接着芯◉20cm×15cm

寸法図
＊図に示した寸法で裁つ
全て裁ち切り(縫い代込み)

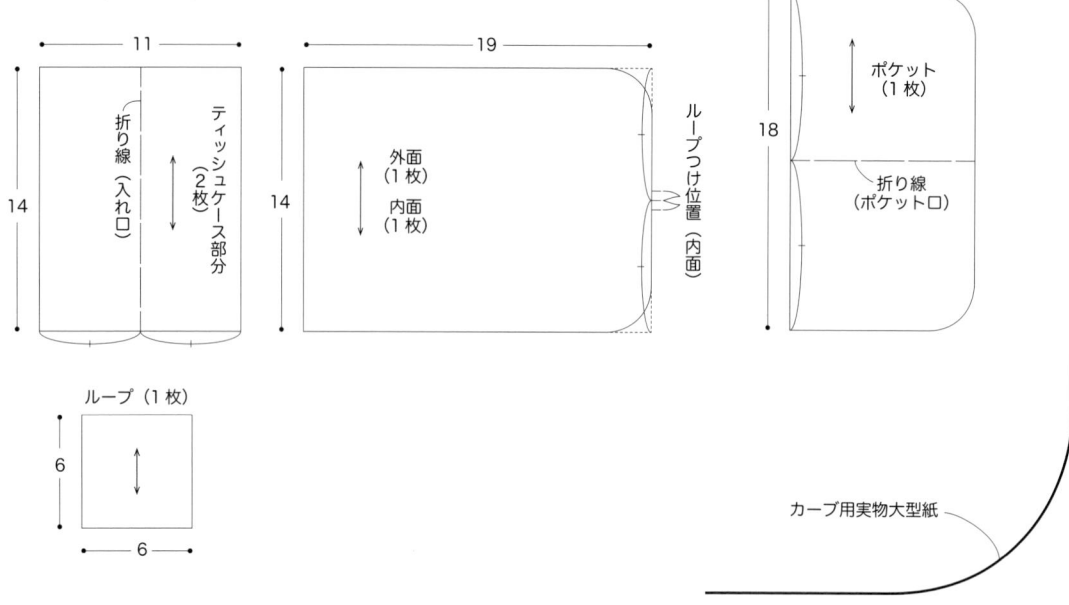

- 11 × 14　折り線／ティッシュケース(入れ口)／ティッシュケース部分(2枚)
- 19 × 14　外面(1枚)／内面(1枚)／ループつけ位置(内面)
- 10 × 18　ポケット(1枚)／折り線(ポケット口)
- ループ(1枚) 6×6

カーブ用実物大型紙

作り方
1 ループを作ります

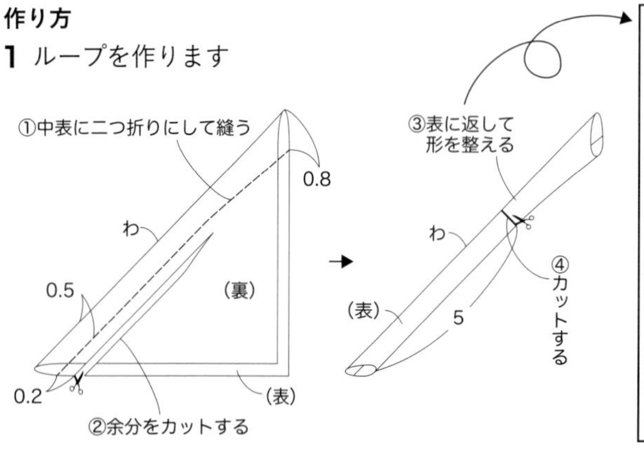

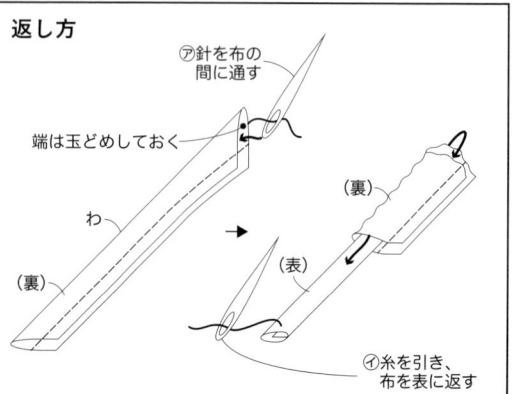

①中表に二つ折りにして縫う
0.8／0.5／0.2
わ／(裏)／(表)
②余分をカットする

③表に返して形を整える
わ／(表)／5
④カットする

返し方
⑦針を布の間に通す
端は玉どめしておく
(裏)／(表)／わ
①糸を引き、布を表に返す

2 内面を作ります

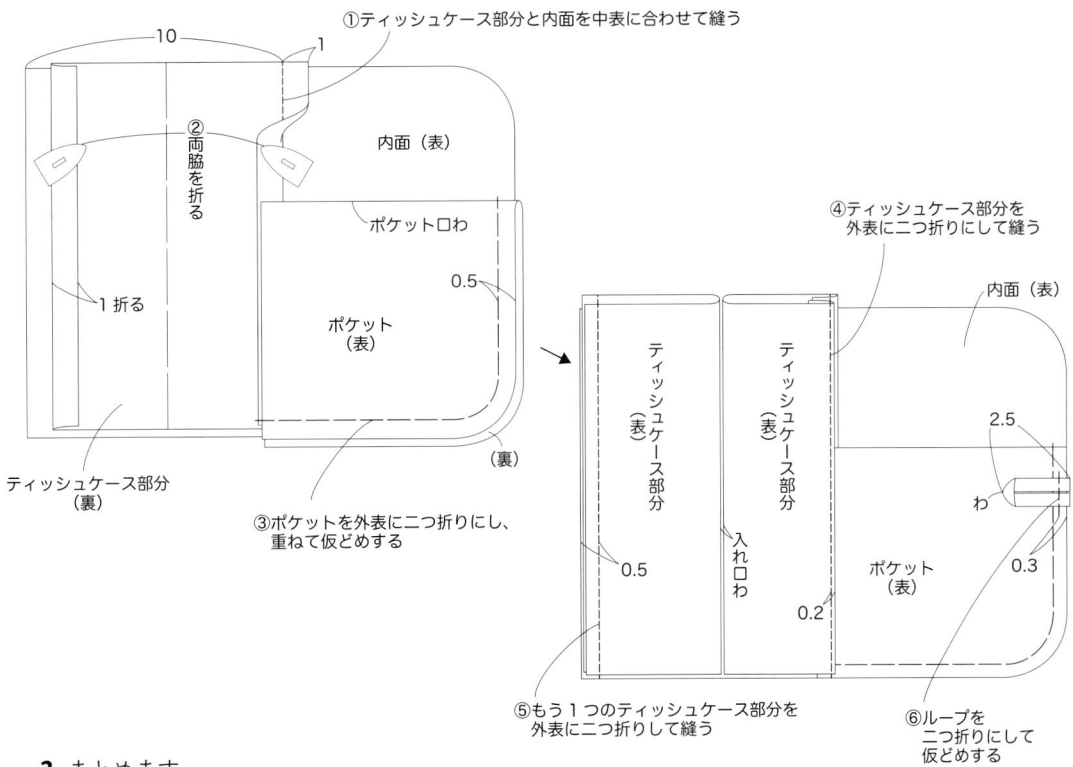

①ティッシュケース部分と内面を中表に合わせて縫う

②両脇を折る

10

1

1 折る

内面（表）

ポケット口わ

ポケット（表）

0.5

ティッシュケース部分（裏）

（裏）

③ポケットを外表に二つ折りにし、重ねて仮どめする

④ティッシュケース部分を外表に二つ折りにして縫う

内面（表）

ティッシュケース部分（表）

ティッシュケース部分（表）

ポケット（表）

2.5

わ

0.3

0.5

入れ口わ

0.2

⑤もう1つのティッシュケース部分を外表に二つ折りして縫う

⑥ループを二つ折りにして仮どめする

3 まとめます

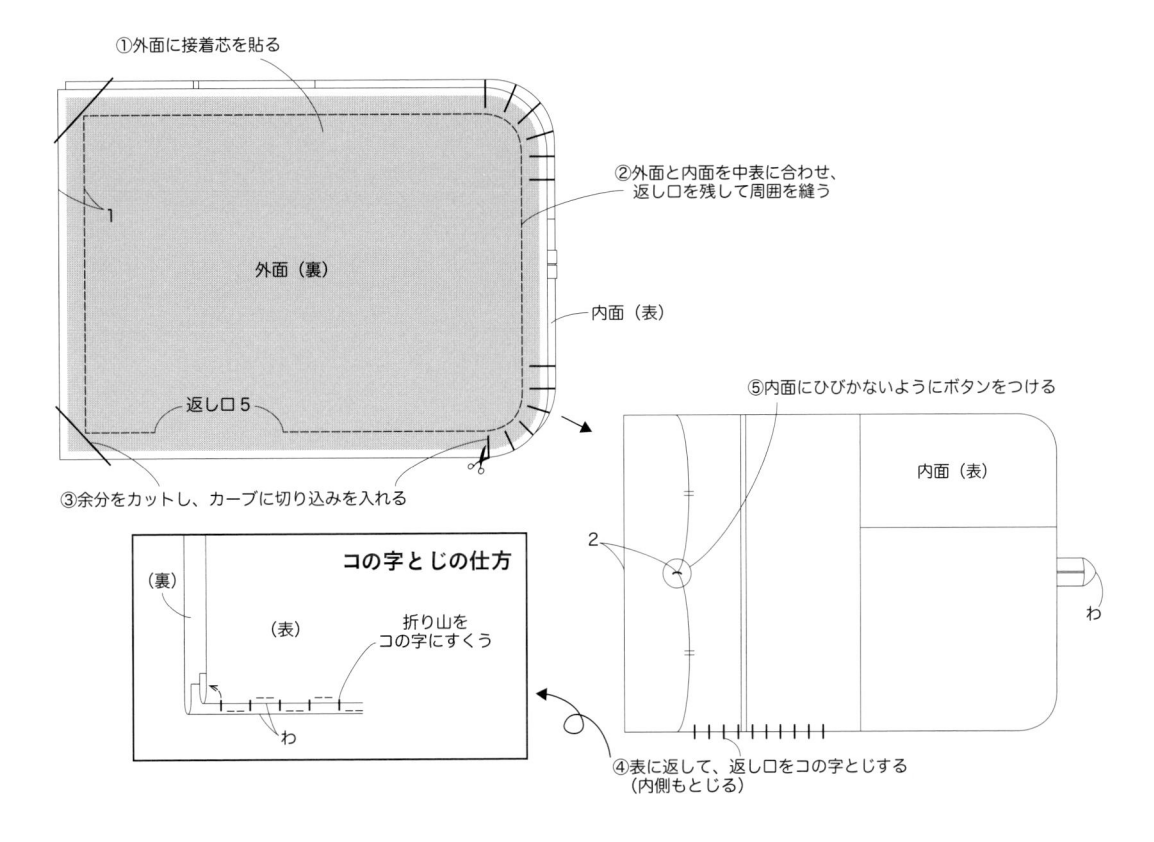

①外面に接着芯を貼る

1

外面（裏）

返し口 5

②外面と内面を中表に合わせ、返し口を残して周囲を縫う

内面（表）

③余分をカットし、カーブに切り込みを入れる

コの字とじの仕方

（裏）

（表）

折り山をコの字にすくう

わ

⑤内面にひびかないようにボタンをつける

内面（表）

2

わ

④表に返して、返し口をコの字とじする（内側もとじる）

22 にこにこくまさん
photo P.43

実物大型紙は **A** 面

出来上がり寸法
全長26cm

材料
ボディー用布 ● C&Sオリジナル
　　　　　　ひつじさんボア（ベージュ）50cm×35cm
おなか用布 ● C&Sオリジナル
　　　　　　フレンチパイル（バニラ）15cm×20cm
ボタン ● 直径0.8cm 脚つき×2個
わた ● 適量（約80g）
25番刺しゅう糸 ● 茶色 適宜

裁ち合わせ図
縫い代は0.7cmつける

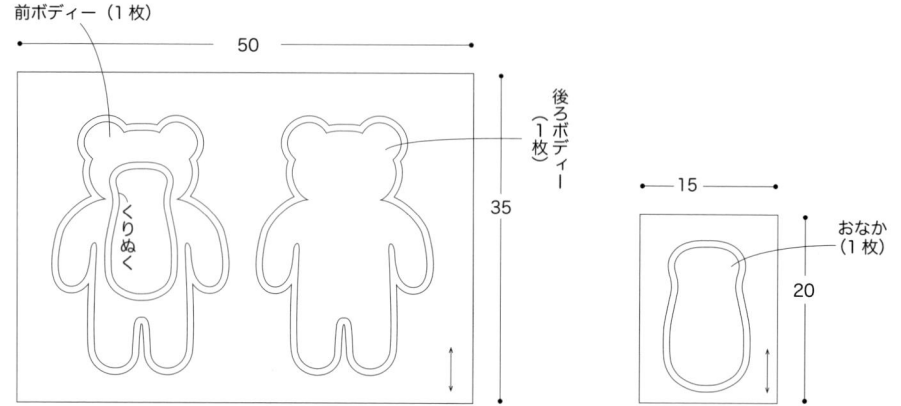

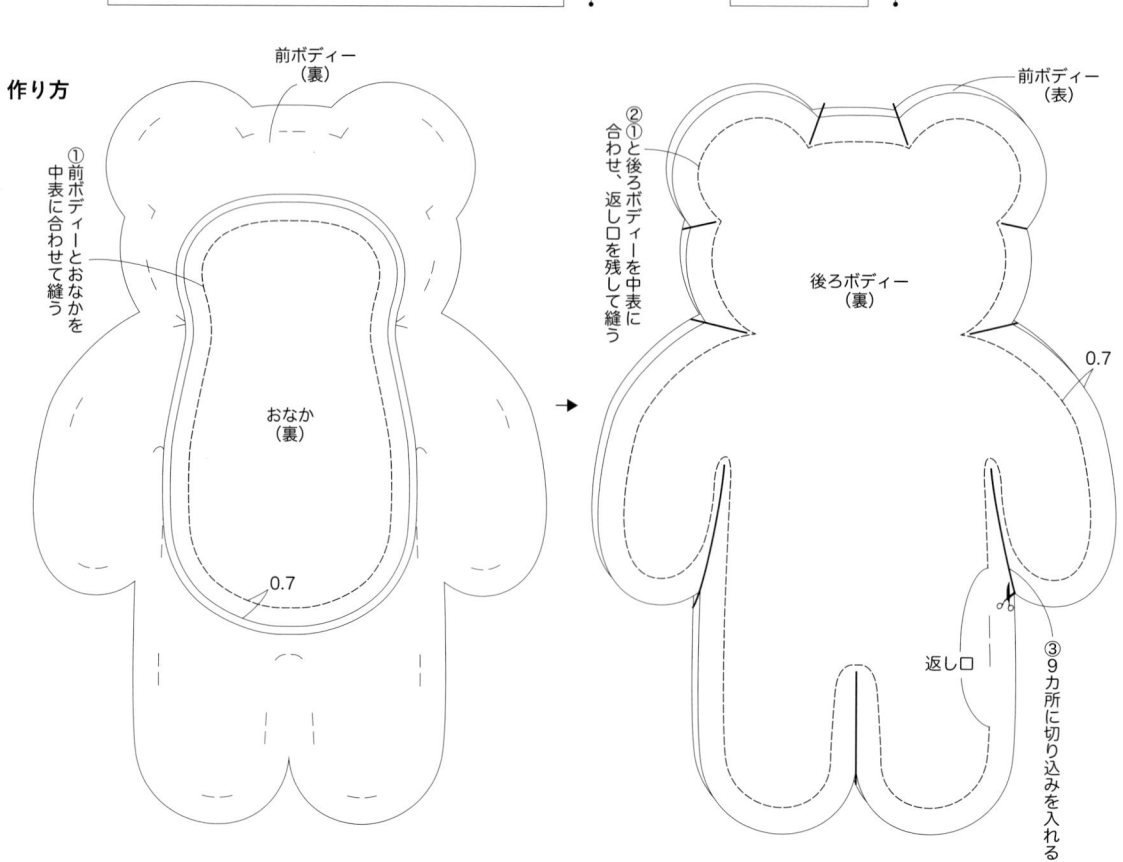

前ボディー（1枚）
後ろボディー（1枚）
50
35
くりぬく
15
20
おなか（1枚）

作り方

前ボディー（裏）
① 前ボディーとおなかを中表に合わせて縫う
おなか（裏）
0.7

前ボディー（表）
② ①と後ろボディーを中表に合わせ、返し口を残して縫う
後ろボディー（裏）
0.7
返し口
③ 9ヵ所に切り込みを入れる

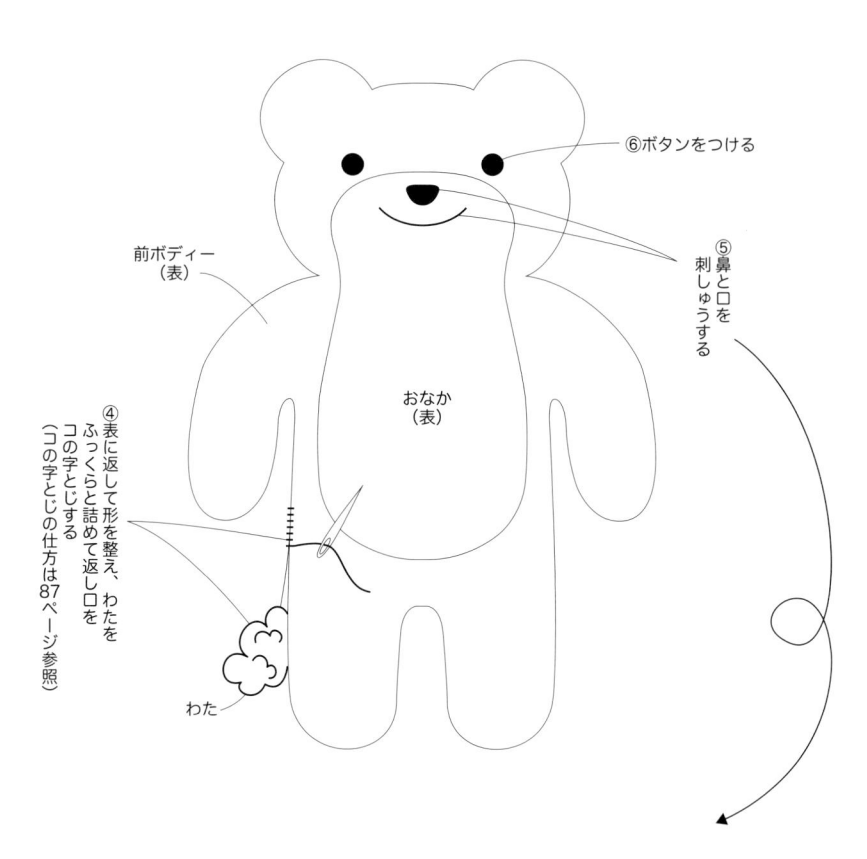

⑥ボタンをつける

前ボディー
（表）

おなか
（表）

④表に返して形を整え、わたをふっくらと詰めて返し口をコの字とじする
（コの字とじの仕方は87ページ参照）

わた

⑤鼻と口を刺しゅうする

刺しゅうの仕方

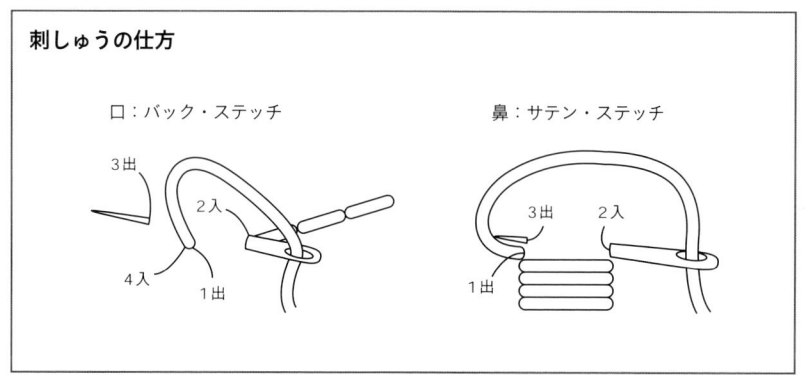

口：バック・ステッチ

3出
2入
4入　1出

鼻：サテン・ステッチ

3出　2入
1出

23 トラベルソーイングセット
photo P.46

材料
- 外面A、内面 ● リネンツイル（ベージュ）25cm×20cm
- 外面B ● リバティプリントカペル（マッシュルーム）25cm×5cm
- 左下ポケット ● リバティプリントフェントン（ブルー）11cm×10cm
- 左上ポケット ● C&Sオリジナル海のストライプ（ブルー）10cm×11cm
- 右ポケット ● C&Sオリジナルコットントゥジュー（ネイビー）7cm×7cm
- ピンクッション ● C&Sオリジナル 星の綿麻キャンバス（白地にシルバー）15cm×5cm
- 針刺し ● フェルト 5cm×5cm
- 接着芯 ● 35cm×20cm
- わた ● 適量
- スナップ ● 直径1.2cm×1組
- ボタン ● 直径1.3cm木のボタン×1個
- 1.4cm C&Sオリジナル シェルボタン ぞう×1個

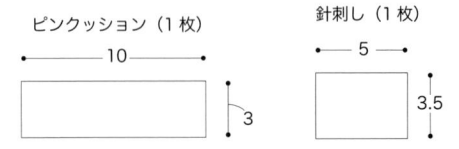

出来上がり寸法（開いた状態）
縦9×横20.5cm

寸法図

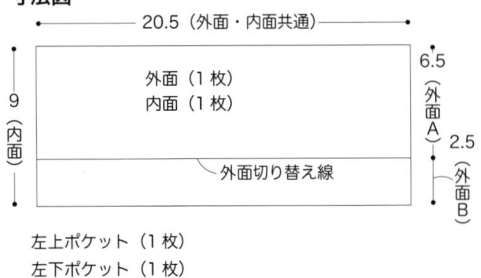

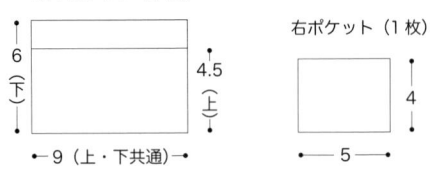

裁ち合わせ図
縫い代は指定以外 0.5cm つける

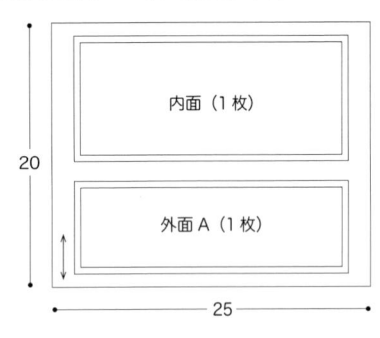

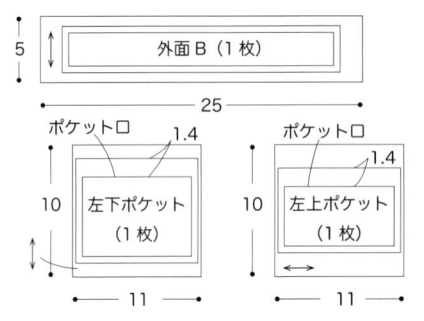

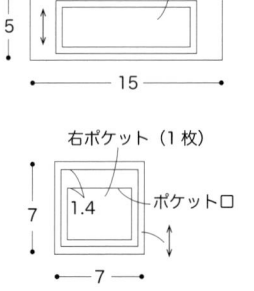

作り方

1 各パーツを作ります

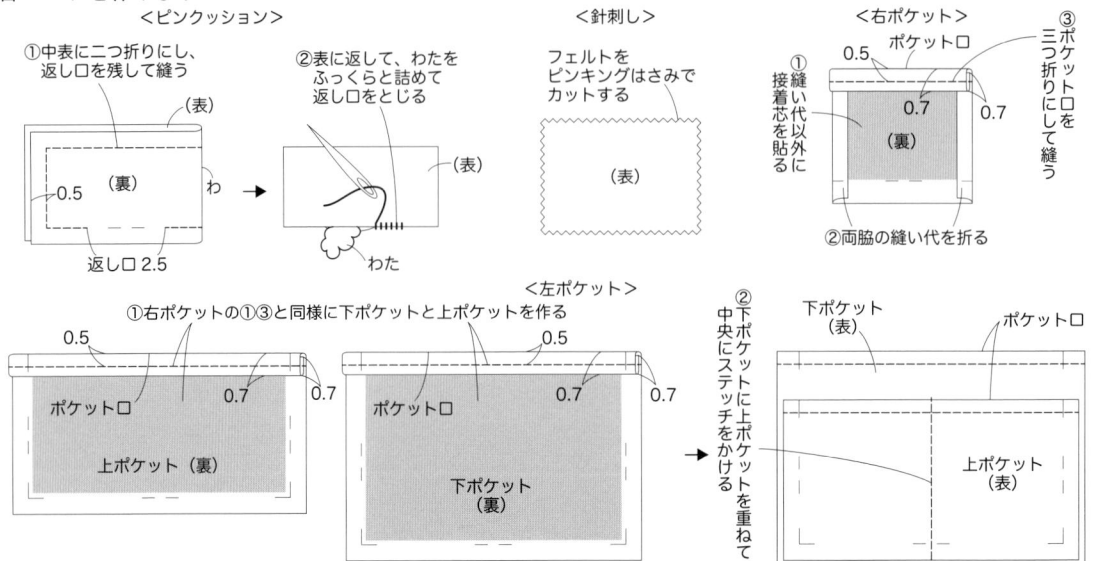

＜ピンクッション＞
①中表に二つ折りにし、返し口を残して縫う
②表に返して、わたをふっくらと詰めて返し口をとじる
返し口2.5

＜針刺し＞
フェルトをピンキングはさみでカットする

＜右ポケット＞
①縫い代以外に接着芯を貼る
②両脇の縫い代を折る
③ポケット口を三つ折りにして縫う

＜左ポケット＞
①右ポケットの①③と同様に下ポケットと上ポケットを作る
②中央に下ポケットを重ねて中央にステッチをかける

2 外面を作ります

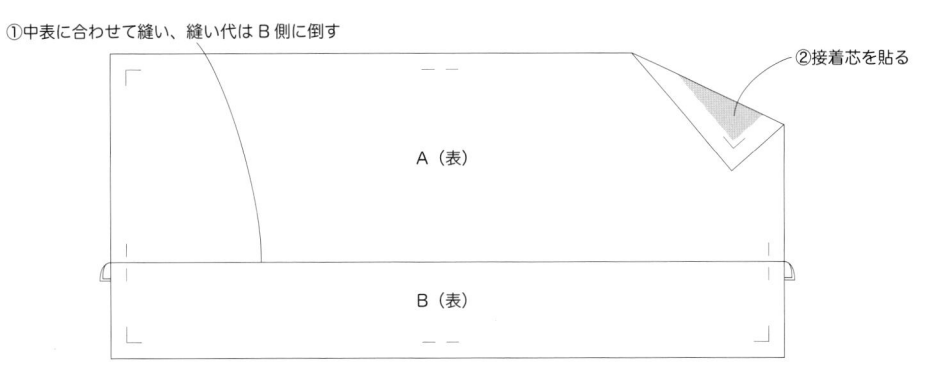

①中表に合わせて縫い、縫い代はB側に倒す

②接着芯を貼る

A（表）

B（表）

3 内面を作ります

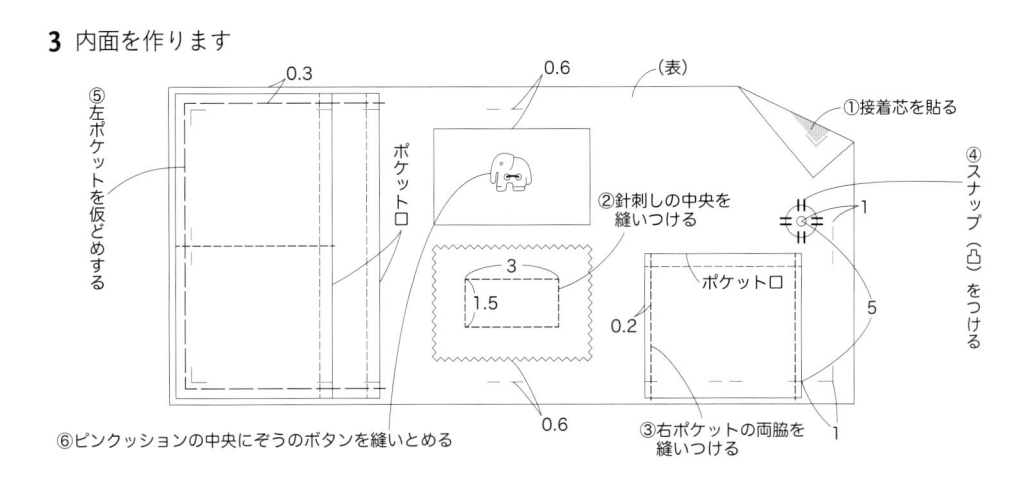

0.3　0.6　（表）

①接着芯を貼る

⑤左ポケットを仮どめする

ポケット口

②針刺しの中央を縫いつける

3
1.5

0.2

ポケット口

1
5
1

④スナップ（凸）をつける

⑥ピンクッションの中央にぞうのボタンを縫いとめる

0.6

③右ポケットの両脇を縫いつける

4 まとめます

内面（表）

①外面と内面を中表に合わせ、返し口を残して縫う

0.5

返し口7

外面（裏）

②表に返して形を整え、返し口をコの字とじする
（コの字とじの仕方は87ページ参照）

1
4

③木のボタンをつける

外面（表）

4

4.5

④スナップ（凹）をつける

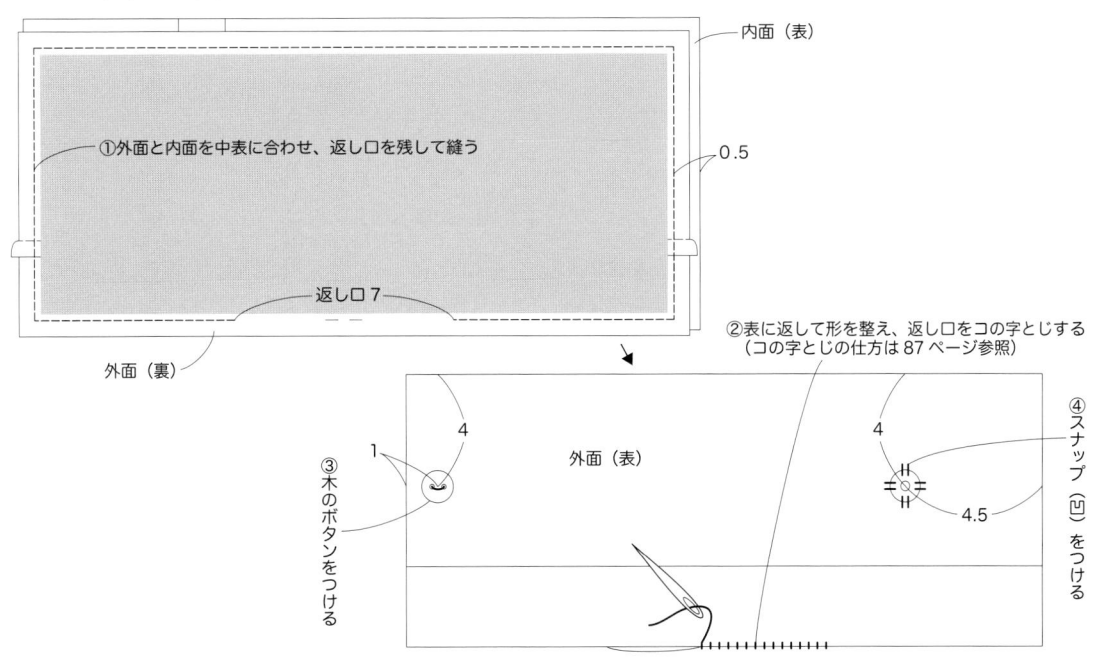

24 布箱
photo P.48

出来上がり寸法
縦15.8cm×横11cm×高さ6.2cm

裁ち合わせ図
全て裁ち切り（折り代込み）

材料
- ふた（外ぶた・外側面）、外本体、外底 ● リバティプリント スリーピングローズ（イエローゴールド）110cm幅×20cm
- ふた（内ぶた・内側面）、内本体、内底 ● C&S オリジナルストライプ（マスタード）110cm幅×20cm
- グレーの厚紙 ● 2mm厚 40cm×55cm
- グレーのケント紙 ● 2cm×53.2cm
- キルト芯（厚手）● 35cm×25cm
- 水貼りテープ ● 適宜

ストライプ＝S 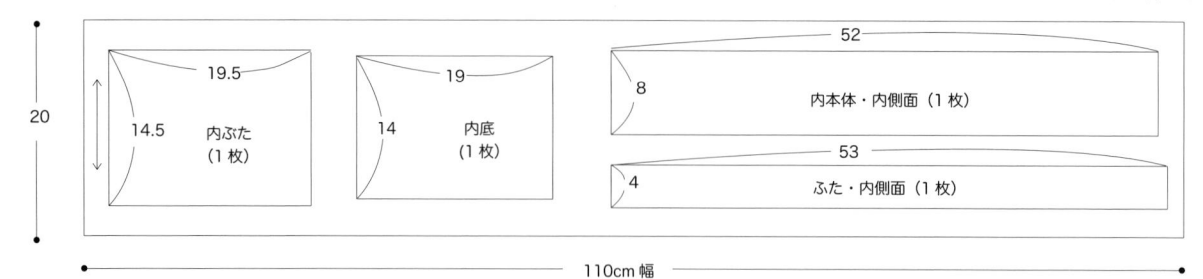
リバティプリント＝L

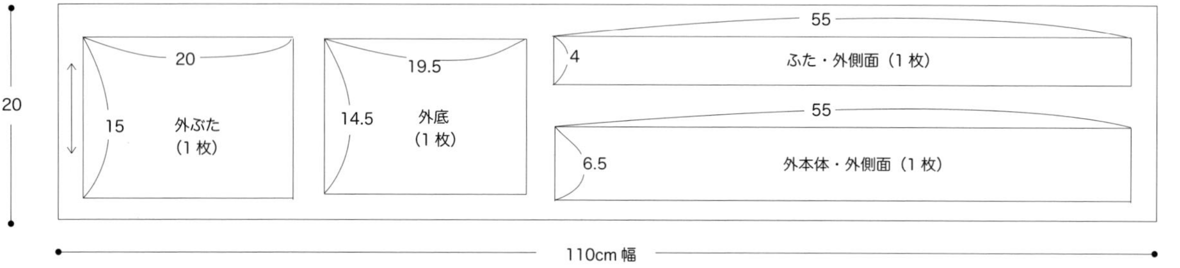

（裁ち合わせ図：上段 110cm幅×20 — 内ぶた(1枚) 19.5×14.5、内底(1枚) 19×14、内本体・内側面(1枚) 52×8、ふた・内側面(1枚) 53×4）

（裁ち合わせ図：下段 110cm幅×20 — 外ぶた(1枚) 20×15、外底(1枚) 19.5×14.5、ふた・外側面(1枚) 55×4、外本体・外側面(1枚) 55×6.5）

厚紙（2mm厚）の寸法図

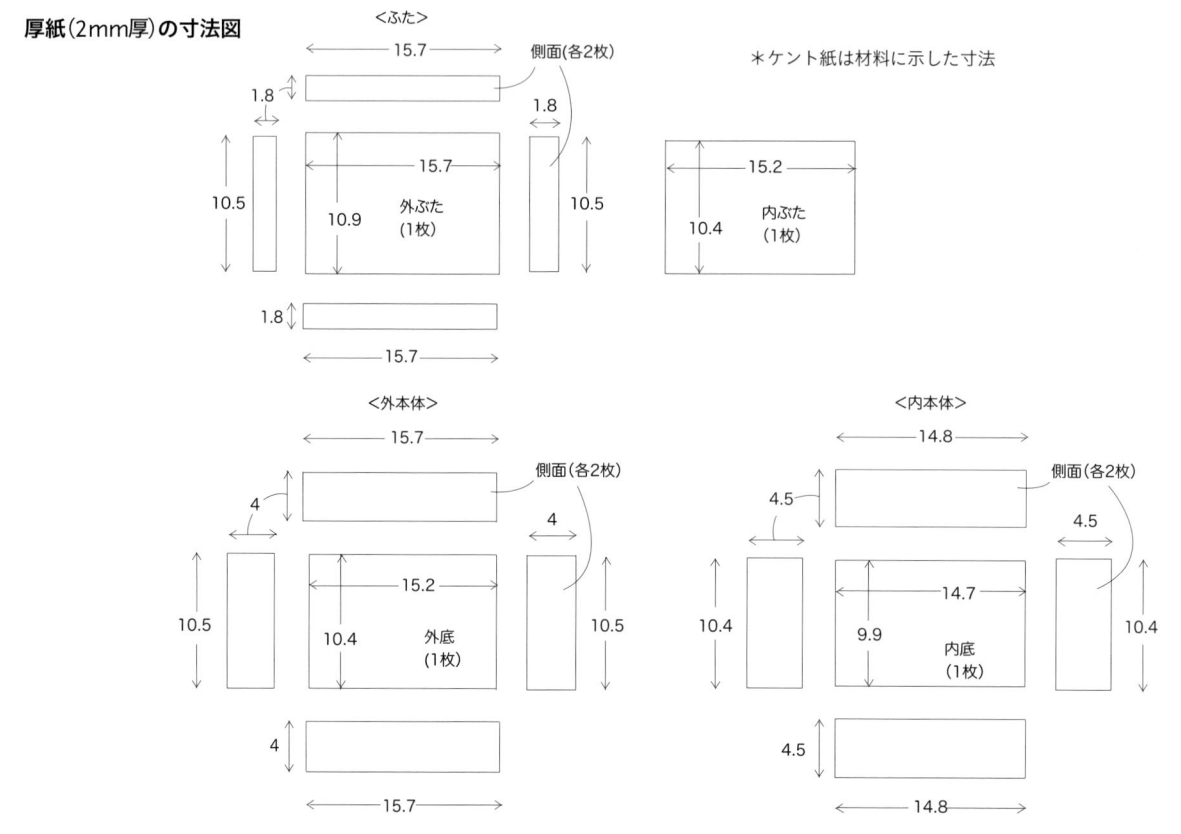

＊ケント紙は材料に示した寸法

〈ふた〉
- 15.7×1.8（上）
- 外ぶた（1枚）15.7×10.9
- 側面（各2枚）1.8×10.5
- 1.8×15.7（下）
- 内ぶた（1枚）15.2×10.4

〈外本体〉
- 15.7×4（上）
- 外底（1枚）15.2×10.4
- 側面（各2枚）4×10.5
- 15.7×4（下）

〈内本体〉
- 14.8×4.5（上）
- 内底（1枚）14.7×9.9
- 側面（各2枚）4.5×10.4
- 14.8×4.5（下）

作り方

1 厚紙を切ります

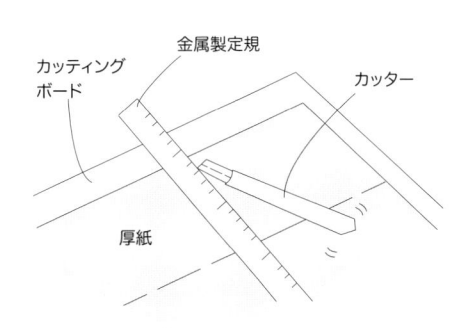

- カッティングボード
- 金属製定規
- カッター
- 厚紙

① 各パーツにシャープペンシルで正確に (mm単位で) 線を引く
② カッターの刃を垂直に当て、正確にカットする

2 各側面を作ります

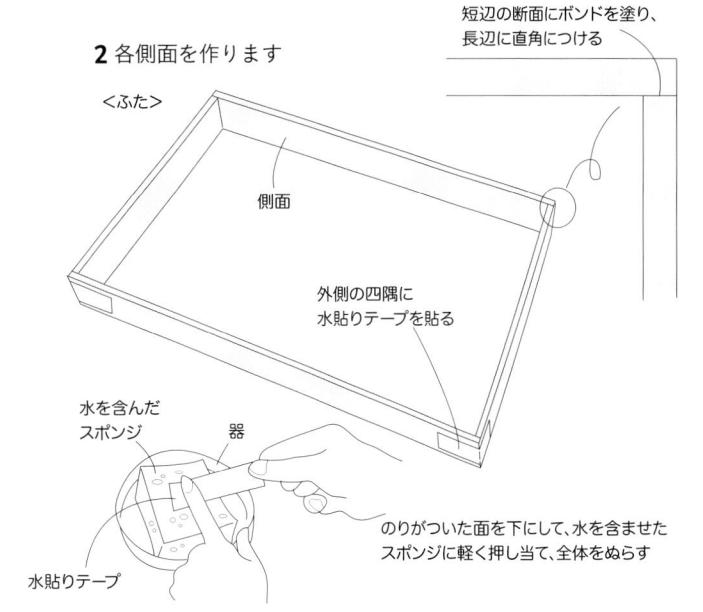

<ふた>

側面

短辺の断面にボンドを塗り、長辺に直角につける

外側の四隅に水貼りテープを貼る

水を含んだスポンジ
器
水貼りテープ

のりがついた面を下にして、水を含ませたスポンジに軽く押し当て、全体をぬらす

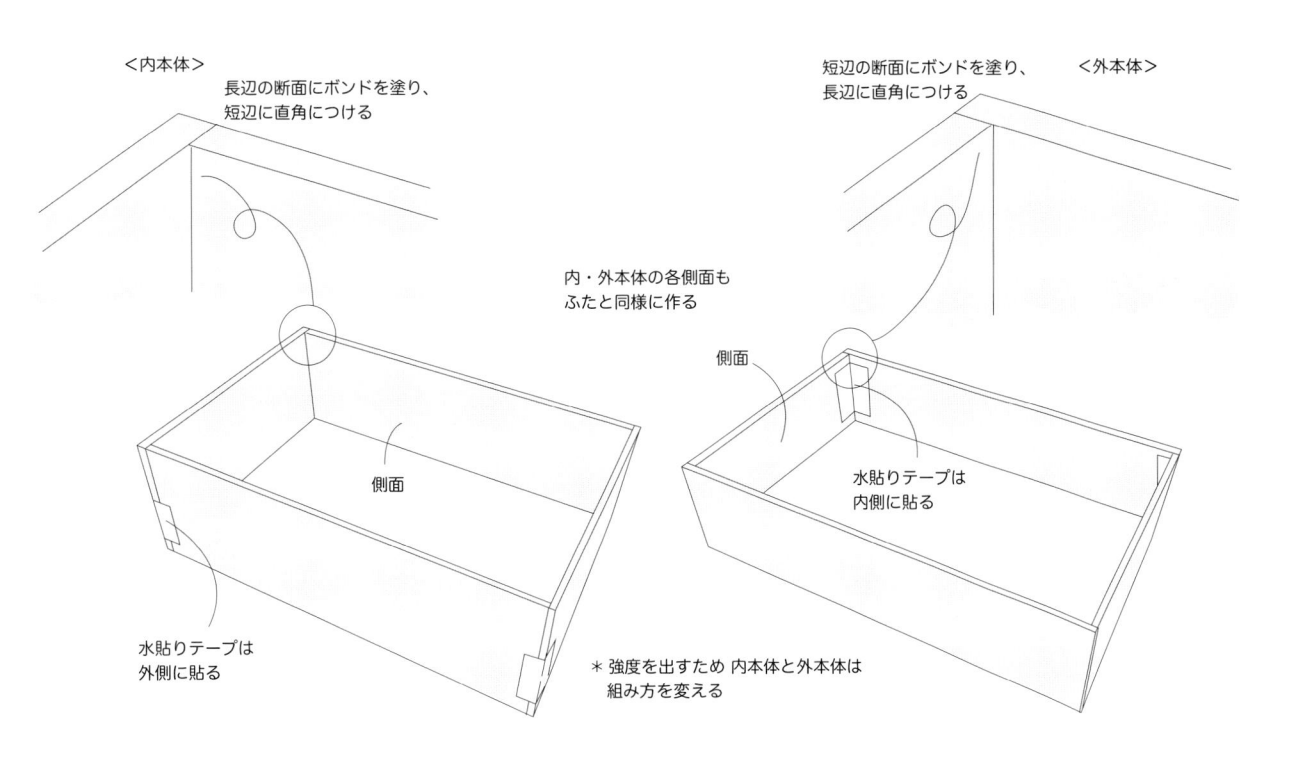

<内本体>

長辺の断面にボンドを塗り、短辺に直角につける

側面

水貼りテープは外側に貼る

内・外本体の各側面もふたと同様に作る

<外本体>

短辺の断面にボンドを塗り、長辺に直角につける

側面

水貼りテープは内側に貼る

＊ 強度を出すため 内本体と外本体は組み方を変える

水貼りテープの貼り方

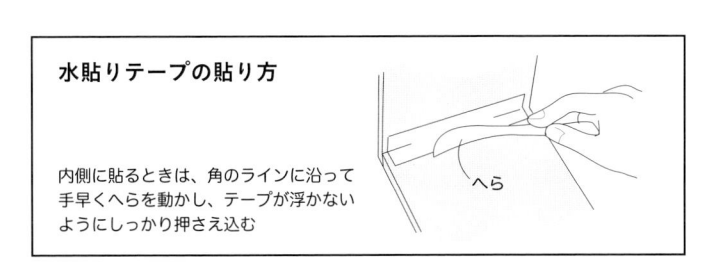

内側に貼るときは、角のラインに沿って手早くへらを動かし、テープが浮かないようにしっかり押さえ込む

へら

→ p.94 に続く

3 ふたと底に布を貼ります

①各布の天地左右中央に厚紙を重ね、ボンドをうすくのばし接着する

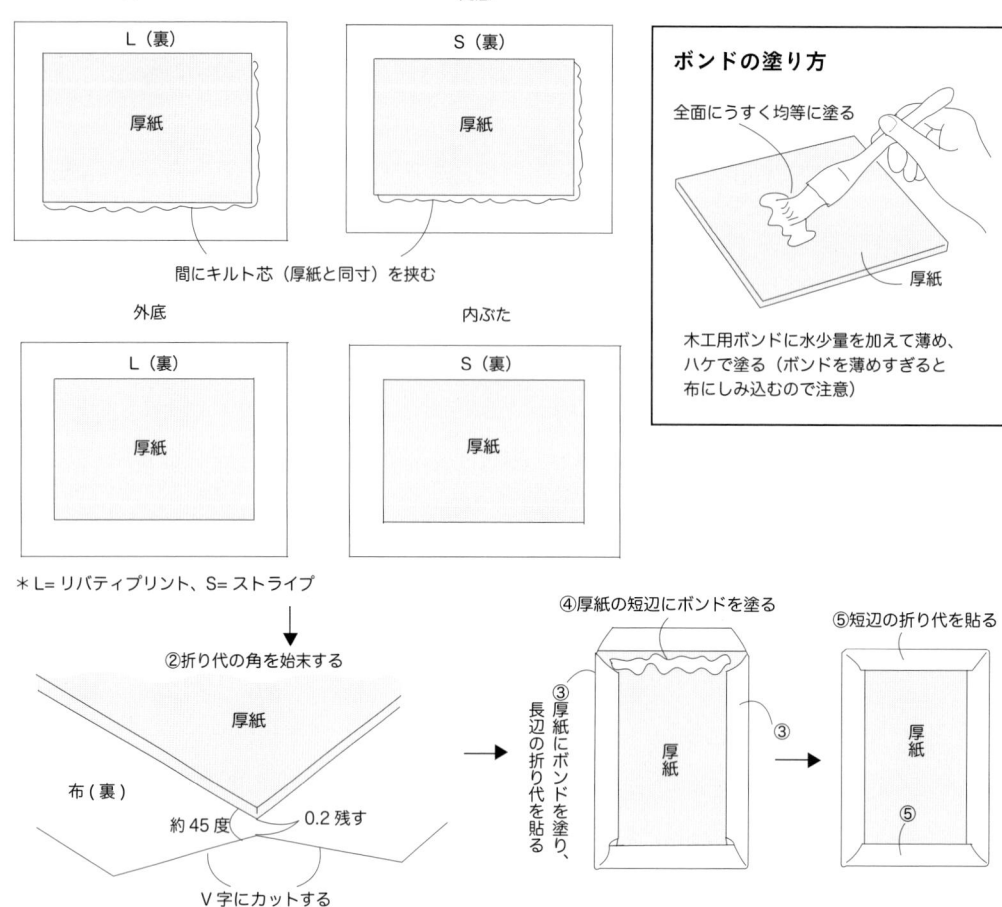

外ぶた　L（裏）　厚紙
内底　S（裏）　厚紙

間にキルト芯（厚紙と同寸）を挟む

外底　L（裏）　厚紙
内ぶた　S（裏）　厚紙

＊L=リバティプリント、S=ストライプ

ボンドの塗り方

全面にうすく均等に塗る

厚紙

木工用ボンドに水少量を加えて薄め、ハケで塗る（ボンドを薄めすぎると布にしみ込むので注意）

②折り代の角を始末する

厚紙
布（裏）
約45度
0.2残す
V字にカットする

④厚紙の短辺にボンドを塗る
③厚紙にボンドを塗り、長辺の折り代を貼る
厚紙

⑤短辺の折り代を貼る
厚紙
⑤

4 外本体側面の外側に布を貼ります

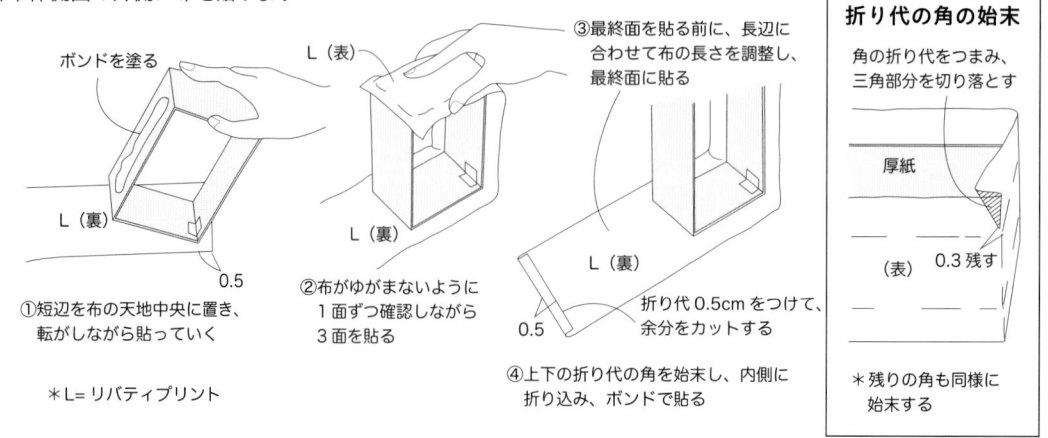

ボンドを塗る
L（表）
L（裏）
0.5

①短辺を布の天地中央に置き、転がしながら貼っていく

＊L=リバティプリント

L（表）
L（裏）

②布がゆがまないように1面ずつ確認しながら3面を貼る

③最終面を貼る前に、長辺に合わせて布の長さを調整し、最終面に貼る

L（裏）
折り代0.5cmをつけて、余分をカットする
0.5

④上下の折り代の角を始末し、内側に折り込み、ボンドで貼る

折り代の角の始末

角の折り代をつまみ、三角部分を切り落とす

厚紙
（表）
0.3残す

＊残りの角も同様に始末する

5 ふた・内本体各側面の内側に布を貼ります

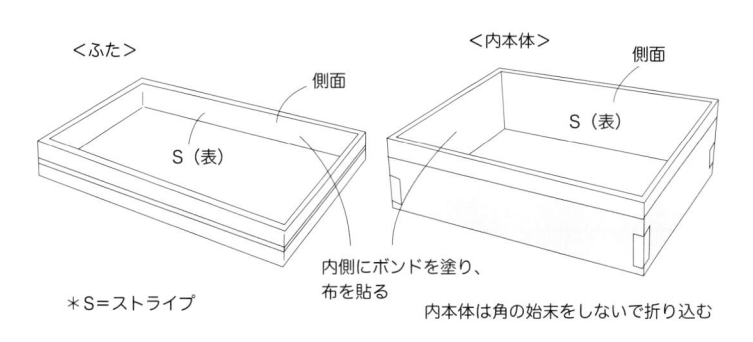

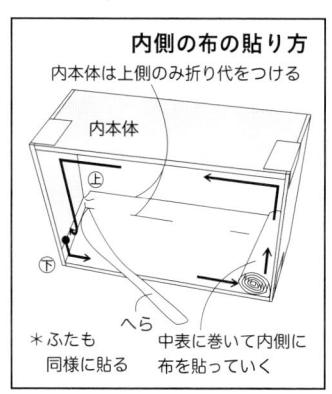

<ふた>　側面

<内本体>　側面

S（表）

＊S＝ストライプ

内側にボンドを塗り、布を貼る

内本体は角の始末をしないで折り込む

内側の布の貼り方

内本体は上側のみ折り代をつける

内本体

上

下

へら

中表に巻いて内側に布を貼っていく

＊ふたも同様に貼る

6 外本体の側面と外底を接着します

外本体のつけ側にボンドを塗る

外底（厚紙）

側面

[底から見たところ]

側面

外底

側面

側面の内側にぴったり合わせる

7 外本体と内本体の側面を接着します

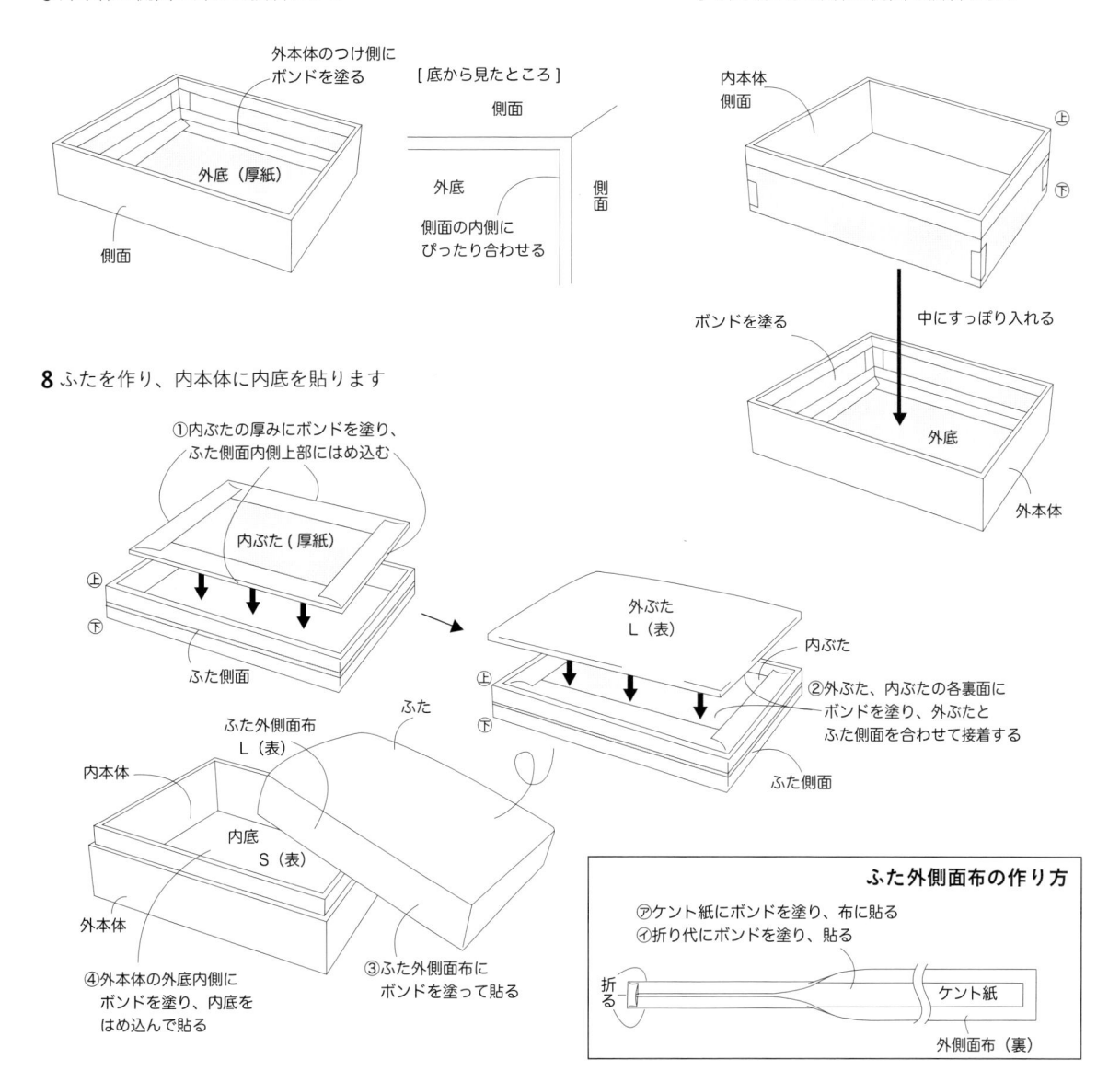

内本体側面

上

下

ボンドを塗る

中にすっぽり入れる

外底

外本体

8 ふたを作り、内本体に内底を貼ります

①内ぶたの厚みにボンドを塗り、ふた側面内側上部にはめ込む

内ぶた（厚紙）

上

下

ふた側面

外ぶた L（表）

内ぶた

②外ぶた、内ぶたの各裏面にボンドを塗り、外ぶたとふた側面を合わせて接着する

ふた側面

ふた外側面布 L（表）

ふた

内本体

内底 S（表）

外本体

④外本体の外底内側にボンドを塗り、内底をはめ込んで貼る

③ふた外側面布にボンドを塗って貼る

ふた外側面布の作り方

⑦ケント紙にボンドを塗り、布に貼る
④折り代にボンドを塗り、貼る

折る

ケント紙

外側面布（裏）

企画・プロデュース／在田佳代子（CHECK＆STRIPE）
監修／CHECK＆STRIPE
担当／辻岡雅樹（CHECK＆STRIPE）

撮影／馬場わかな
ブックデザイン／若山嘉代子　佐藤尚美　L'espace
スタイリング／伊藤まさこ
取材・文／伊藤嘉津子
ヘア＆メイク／草場妙子
モデル／甲斐麻里（CHECK＆STRIPE）　平井麻里衣

製図・型紙製作／久野麻衣　仲條詩歩子
製図／堀江かこ
グレーディング／クレイワークス
プロセス撮影／岡 利恵子（本社写真編集室）
校閲／栗木貴代
編集／石田由美　小柳良子

★本書掲載作品の複製頒布、および販売はご遠慮ください。

CHECK＆STRIPEの
てづくり
LESSON

編集人　石田由美
発行人　永田智之
発行所　株式会社　主婦と生活社
　　　　〒104-8357　東京都中央区京橋3-5-7
　　　　http://www.shufu.co.jp/
編集代表　☎03-3563-5361　FAX 03-3563-0528
販売代表　☎03-3563-5121
生産代表　☎03-3563-5125
印刷所　大日本印刷株式会社
製本所　共同製本株式会社

©SHUFU TO SEIKATSUSHA 2015　Printed in Japan
ISBN 978-4-391-14660-8

Ⓡ本書を無断で複写複製（電子化を含む）することは、著作権法上の例外を除き、禁じられています。
本書をコピーされる場合は、事前に日本複製権センター（JRRC）の許諾を受けてください。
また、本書を代行業者等の第三者に依頼してスキャンやデジタル化をすることは、
たとえ個人や家庭内の利用であっても一切認められておりません。
JRRC（http://www.jrrc.or.jp　Ｅメール：jrrc_info@jrrc.or.jp　電話：03-3401-2382）

十分に気をつけながら造本していますが、万一、乱丁・落丁の場合は、
お買い求めになった書店か小社生産部へご連絡ください。お取り替えいたします。